KB089822

# 별일 없어도 읽습니다

여전히 익숙해지지 않는 인생에 대한 탐구

# 별일 없어도 읽습니다

**노충덕** 지음

모아북스
MOABOOKS

여전히 익숙해지지 않는 인생을 위해
책이 나에게 하는 말

"우리는 삶을 살고 있는 것이 아니라
지나가고 있다."

책을 읽는 이유는 불행을 극복한
인간과 사례를 만나
위로를 받을 수 있기 때문이다.

'내면의 충실함' 을 독서로 채워나가기를 바란다.
홀로도 좋고 가족과 함께라면 더 좋을 듯하다.
'어떻게 살 것인가' 를 두고 대화하는 저녁을
상상한다.

보고 듣는 것은 외부의 자극과 영향을
받아들이는 것이며, 말하고 행동하는 것은
외부에 나 자신을 드러내는 것이다.
보고 듣는 것은 내가 통제하기가
말하고 행동하기보다 어렵다.
그렇다고 말과 행동을 예에 맞게 하는 것이
쉬운 일도 아니다.

혼자 있는 시간에 무엇을 할까.
40대 후반에 직장을 그만두게 될 때를 대비해
사무실 모니터에 붙여둔 글을 본다.
"독서로 10년 후를 대비한다.
평이 나를 죽이고 살린다.
쉽고 정확하게 일한다."
독서를 통해, 내가 살아가는 방식이
전부가 아님을 알고 전부가 아니면 아무것도 아니라는
흑백 논리로 보는 자세를 버렸다.
스스로 동기를 부여했다.
혼자 있는 것의 힘을 성장을 위한 조건으로 여겼다.
누구에게 휘둘리지 않는 자신을 만들어 간다.

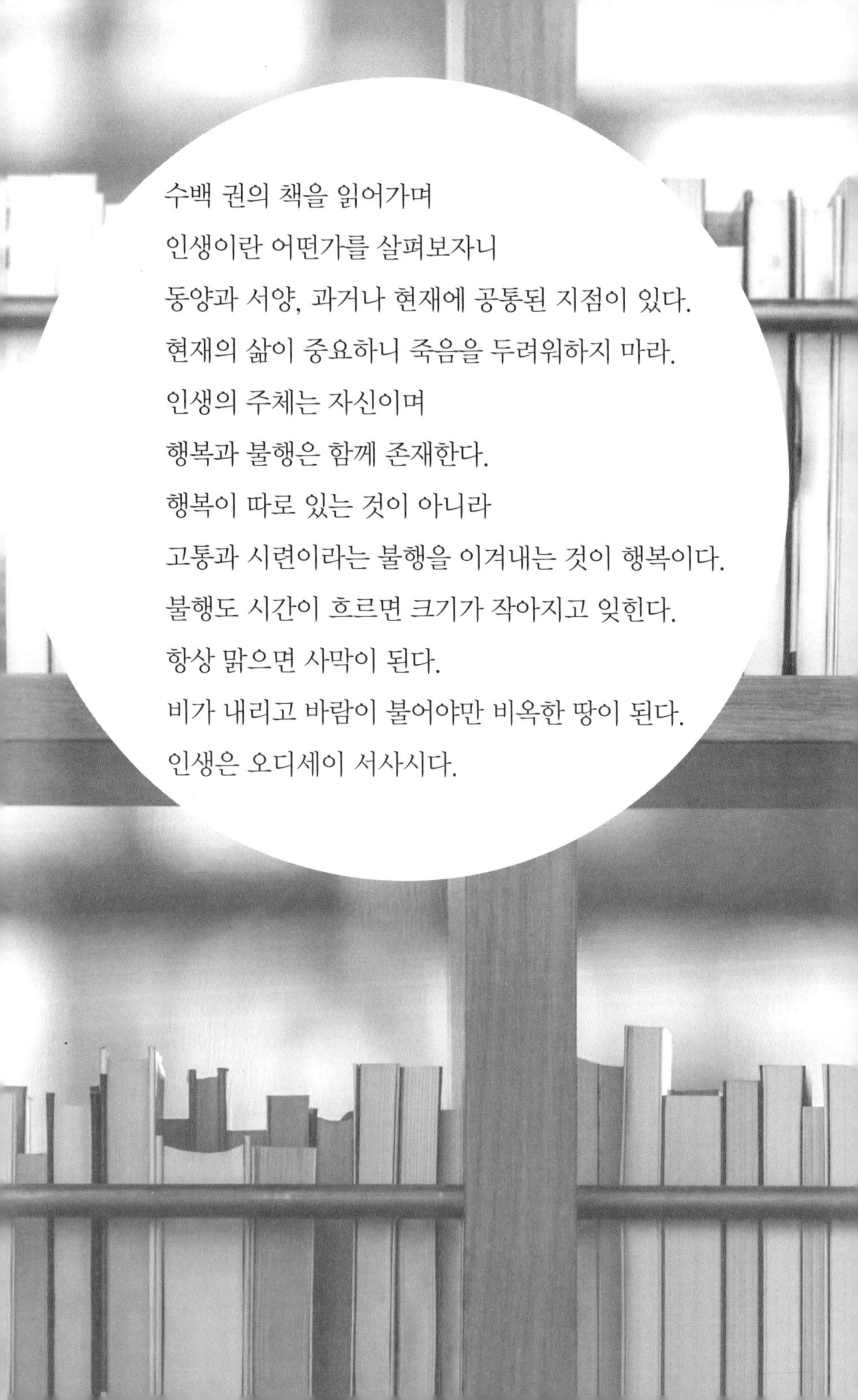

수백 권의 책을 읽어가며
인생이란 어떤가를 살펴보자니
동양과 서양, 과거나 현재에 공통된 지점이 있다.
현재의 삶이 중요하니 죽음을 두려워하지 마라.
인생의 주체는 자신이며
행복과 불행은 함께 존재한다.
행복이 따로 있는 것이 아니라
고통과 시련이라는 불행을 이겨내는 것이 행복이다.
불행도 시간이 흐르면 크기가 작아지고 잊힌다.
항상 맑으면 사막이 된다.
비가 내리고 바람이 불어야만 비옥한 땅이 된다.
인생은 오디세이 서사시다.

이제 당신에게 묻겠다.

"어떻게 살 것인가"라는
인문학적 고민을 통해
별일 없어도 단단하게 만들어줄
내면을 위해 오늘도 읽습니다.

# 왜 읽는가?

안다는 것은 무엇이고 무엇을 알아야 하는가? 알면 보이고 그때 보이는 것은 전과 같지 않다. 알려면 배워야 한다. 인간과 자연에 대해 알아야 한다. 배움은 두 가지 방향에서 일어난다. 외부에서 주어지면 교육이고, 스스로 배워 쌓으면 교양이다. 배워 알게 되었다고 끝이 아니다. 생각(思)해야 한다. 사유할 수 있어야 한다. 곰곰이 생각지 않으면 오류를 알 수 없다.

일이나 상황을 파악할 때 생각 없이 한다면 로봇과 다르지 않다. 명확히 안다는 것은 말할 수 있거나 글로 쓸 줄 아는 것이다. 기획안이나 보고서는 읽는 사람이 의문을 갖지 않도록 써야 한다. 보고 받는 사람을 설득할 수 있어야 비로소 안다고 할 수 있다. 나아가 알고 있는 상태에서 어떤 사건이나 문제에 자신의 의견을 낼 수 있어야 한다.

꼬인 실타래를 풀어야 지혜다. 현실이 품고 있는 문제를 풀어 개선, 개혁에 도움을 줄 수 있어야 한다. 푼다는 것은 문제를 해결하는 것이다. 문제를 해결할 방법을 제시할 수 있어야 한다. 이것이 책을 읽고 얻는 궁극의 목적이다.

이런 맥락에서 업무를 효율적으로 처리하려고 기획서, 보고서를 완벽하게 작성하고 싶었다. 현직에 있을 때 학교와 교육청에서는 SWOT 분석이 다양한 기획안에서 사용되고 있었다. SWOT 분석은 자기 직장의 전반적인 성과와 경쟁사의 성과를 객관적인 방식으로 측정하고 평가하기 위해 기업에서 사용하는 전략이다. 학교나 교육청은 수익을 추구하는 기업과 다르기에 새로운 방법이 있으면 좋겠다는 생각을 하며 책을 읽었다.

2005년 김위찬과 르네 마보안이 지은 《블루오션 전략》은 삶에서 실제 도움을 받은 책 중 하나다. 여기에 소개된 '시르크 뒤 솔레이유' 는 1984년 길거리 공연가가 모여 세운 서커스 회사다. 세계 최고 서커스 회사가 100년 이상 걸려 달성할 수입을 20년이 채 안 돼 벌어들였다. 어떻게 그렇게 할 수 있었는가를 글로 풀어놓았다. 2023년 서울에서, 2024년 부산에서 '태양의 서커스 루치아' 란 주제로 공연을 했다.

길거리 공연가가 만든 서커스 회사를 일류 서커스 회사로 키운 과정을 정독하며 글을 표와 그래프로 그려보니 SWOT 분석 못지않은 분석 방법이 보였다.

시르크 뒤 솔레이유는 블루오션 창출을 위해 첫째로 당연한 것으로 받아들이는 요소들 가운데 제거(eliminate)할 요소는 무엇인가, 둘째로 표준 이하로 줄여야 할(reduce) 요소는 무엇인가, 셋째로 표준 이상으로 올려야(raise) 할 요소는 무엇인가, 넷째로 아직 한 번도 시도하지 못한 것 중 창조(create)해야 할 요소는 무엇인가에 집중한다.

《블루오션 전략》에서 '제거-감소-증가-창조' 라는 개념을 찾았다. 이 생각의 틀은 학교에서, 교육청에서 행사나 사업을 기획할 때 유용한 개념이 될 수 있다. 비용을 줄이기 위해 무엇을 제거하고 축소할 것인가? 기존에 해오던 일과 차별화하기 위해 강화할 것은 무엇이고 창조해야 할 것은 무엇인가를 판단할 기준이다. 《블루오션 전략》을 활용한 직무수행 제안서를 제출해 신선하다는 평가를 받았고, 이후의 사업에 적용해 만족스러운 기획안과 보고서를 쓸 수 있었다.

2010년대 초반 충남교육청에서는 '독서콘서트' 사업을 하고 있었다. 본청 학교정책과 장학사로 임용되어 업무를 익히고 프로젝트를 진행하다 보니 여러 문제점이 눈에 들어왔고 이제는 변해야 한다는 판단을 했다. 독서콘서트 준비 회의는 본청 장학사, 문화예술인, 학교 교사가 참여하여 2~3회 회의를 한다. 독서콘서트는 충남교육청이 예산을 지원하고 학교에서 프로그램을 운영할 때 지역사회 문화 예술계 인사들을 참여시키는 방식으로 진행되었다.

첫째 문제는 독서콘서트가 학생의 독서 문화 형성에 얼마나 이바지할 수 있는가 하는 기준으로 보니, 학생보다는 민선 교육감과 학부모의 관람을 염두에 두고 진행하는 일회성 행사라는 점이다. 다음 선거를 위해 교육감이 학부모와 합법적으로 만나는 기회를 만든 것이다.

둘째 문제는 지역사회 문화예술인을 참여시킨다는 명분은 그럴싸하지만, 그들도 선거권을 가진 지역사회 유력 인사라는 점이다. 더구나 집행 예산의 많은 부분이 문화예술인의 회의 참여 수당, 콘티 제작 비용, 장비 임대료(지역사회 문화예술인이 소유한), 평가회 회식에 사용되고 있었다.

이런 상황이 다음 회계연도에 이어지길 바라지 않았다. 학년말 독서콘서트 운영 보고서를 만들며 몇 명의 위원을 섭외하고, 《블루오션 전략》에서 언급된 '제거-감소-증가-창조' 라는 잣대로 사업을 분석하였다. 교사들이 공동 협의와 토론을 통해 단위 학교별로 독서콘서트를 추진하되 지원 예산을 줄이고, 외부 문화예술인의 참여도 줄이는 방향으로 보고서를 작성했다. 보고서에 따라 다음 해는 기존 방식의 독서콘서트를 중단하였다. 학교의 독서 문화 조성 분위기를 해치지 않으려고 독서콘서트 개최를 원하는 학교를 위해 〈단위 학교별 독서콘서트 추진 매뉴얼〉을 만들었다. 단위 학교에서 기획, 예산, 프로그램 구성, 독서콘서트를 진행하는 주요 절차와 내용을 쉽게 만들어 보고서에 부록으로 수록하여 학교에 보급하였다. 이런 과정은 《블루오션 전략》이란 책을 읽고 문제를 해결하는 방법을 배워 활용할 수 있었기에 가능한 일이다.

《블루오션 전략》은 기업 분석뿐만 아니라 학교와 교육청에서 사업을 기획할 때 현실을 파악하고 문제를 해결하는 능력을 키웠다. 수년간 계속된 사업이라도 '제거-감소-증가-창조'라는 프레임에 넣고 판단하면, 사업을 유지할 것인지 중단할 것인지 새롭게 시도할 것이 무엇인가를 판단할 수 있었다. 특히 관계자 간 공동 협의와 토론에서 활용하면 의사 결정을 명확하게 할 수 있었다.

독서의 힘으로 인간과 자연, 사회를 이해하고 당면한 문제를 풀어야 한다. 푼다는 것은 문제를 해결하는 것이다. 문제를 해결하는 방법론을 제시할 수 있어야 한다. 이것이 내가 책을 읽는 이유 중 하나다.

# 들어가는 글

경기도와 충남에서 중 · 고등학교 교사로 20년, 장학사로 6년, 교감으로 1년을 가르치고 교육행정 업무를 맡아봤다. 쉬는 기간을 거쳐 현재는 발전소에 업무를 지원하고 있다. 평생직장에서 승진하며 대과 없이 정년퇴직하는 삶은 누구나 부러워하는 삶이다. 이에 견주면 내 삶은 단절이 있었지만, 좋게 보면 다이내믹하다.

직장을 그만둔다는 것은 규칙적인 생활은 물론이고, 교육비, 적금과 보험료, 가족 · 친구 · 선후배의 경조사에 들어갈 비용 등을 생각해 보면 절대 사소한 일이 아니다. 인간관계의 단절도 생각할 일이다. 어쩌면 관계의 단절이 더 힘든 일일 수 있다.

뜻에 따라 퇴직해도 이러한 어려움이 있는데, 타의에 의해 직장을 그만두게 된다면 충격은 더 클 것이다. 직장생활이란 퇴직하면 당장 대부분의 조건이 어려워진다는 강박 속에서 사는 일이다. 비정규직이 천만 명에 달하는 현실에서 타의에 의해 실업을 경험하는 사람이 부지기수다. 불확실한 삶을 산다는 것은 고통이다. 살아가며 겪는 강박과 고통은 나에게만 있는 일이 아니다. 강박과 불확실한 생활을 해야 하는 시기는 누구에게나 닥치는 일이다. 자신에게 닥치는 일은 남이 공감하거나 도움받기에 한계가 있다. 직장생활에서 느끼는 강박과 실업의 고통은 스스로 이겨내야 한다.

행복한 인생을 꿈꾸지 않는 사람은 없다. 모두가 행복한 인생을 사는 것도 아니다. 행복은 남의 눈에 비치는 대로 평가할 것이 아니다. 자신의 기준으로 평가하는 것이 옳다. 행복과 불행은 함께 온다. 불행이라는 고통과 시련은 이겨낼 때 더는 불행이 아니며, 더 큰 행복으로 바꿀 수 있다. 외부의 조건과 상황의 문제를 극복하는 삶이 진정으로 행복한 삶일 것이다.

책을 읽다 보면 고난과 역경, 고통, 죽음의 위기 등 어려움을 극복한 사람만이 새로운 인생의 주인공으로 살았음을 알게 된다. 인간의 인생에 시련과 고통이 없을 수 없다.

역사 속에서 소크라테스는 독배를 들어야 했고, 사마천은 궁형을 당했다. 노예 여성의 아이로 태어난 에픽테토스는 철학자의 삶을 살았다. 황제였던 카이사르는 암살당했고, 밀란 쿤데라는 조국을 팔아 자본주의 서구사회에서 돈과 명예를 얻은 배반의 지식인이라는 비난을 받기도 했다. 율곡 이이도 조정에서 한 때 따돌림을 받았다.

인생의 주체는 자신이며 행복과 불행은 함께 존재한다. 행복이 따로 있는 것이 아니라 고통과 시련이라는 불행을 이겨내는 것이 행복이다. 불행도 시간이 흐르면 크기는 작아지고 잊힌다. 독서를 통해, 삶이 언제나 행복할 수는 없으며 이를 이겨내는 과정 자체가 인간의 삶임을 터득한다.

직장에서 힘든 일을 겪거나 가정에서 고통스러운 일이 있을 때, 스토아 철학자들의 가르침을 배운다면 고통을 작은 통증으로 여기고 인생을 살아갈 용기와 희망을 얻는다.

세네카는 시간을 얼마나 유용하게 사용하느냐로 인생의 길이를 판단한다. 마음의 평정도 중요하니, 어떤 조건에서도 공동체에 봉사하고 언제 어디서나 불행과 죽음을 각오하고 있을 때 평정을 얻을 수 있다고 한다. 고통은 좋은 목적에 이바지할 게 틀림없으며, 무엇보다도 고통과 시련을 통해 인간은 더 강해진다고 말한다. 혼란스럽고, 가치관이 흔들리고, 감정의 기복이 심할 때는 스토아 철학의 아파테이아(평정심)를 생각한다.

로마 철학자들이 실천한 스토아 철학을 현대적으로 해석하면, 평정심을 유지하는 것이 삶에서 행복에 이르는 가장 확실한 방법임을 배운다. 스토아 철학은 고통을 겪는 시간에 버티는 힘을 주고 험난한 시대일수록 주목받는다.

책을 읽는 이유는 과거와 현재, 동양과 서양의 책에서 불행을 극복한 인간과 사례를 만나 위로를 받을 수 있기 때문이다. 과거를 살았던 사람과 나의 삶을 연결하는 내공을 키워 회복 탄력성을 가질 수 있다. 스토아 철학이 전하는 평정심과 실존철학에서 힘을 얻어 다시 뛰려는 용기를 얻어 불확실한 삶을 버텨낼 수 있음을 알기 때문에 책을 읽는다.

**독서로 키운 안목으로 현실을 바로 보고 상황을 통찰할 수 있다**

세상에는 매일 수많은 일이 일어난다. 가정에서 일어나는 일이야 직접 마주하는 일이니 문제가 생길 때마다 해결하기가 쉽다. 직장 일만 해도 혼자서 해결하기보다 여럿이 협의해 해결할 수 있다. 사회에서, 국가에서, 세계에서 일어나는 일은 내가 해결할 수 있는 일은 아니다. 그래도 일은 어제도 일어났고 오늘도 벌어졌으며 내일도 어제, 오늘과 다르지 않을 것이며 더 많은 일이 다가올 것이다.

디지털 시대를 살기에 SNS 사용이 많아지며 휴대폰이나 PC

화면에서 눈을 떼는 시간은 줄어들고 있다. 자신을 둘러싼 데이터 홍수와 무관하게 살려면, 깊은 산이나 무인도에 들어가 자발적으로 고립되는 방법밖에는 없다. 엄청나게 쏟아지는 데이터를 분류하고 선택하여 나에게 필요한 정보를 골라내 정교하게 다듬는 일이 필요하다. 정교하게 다듬는다는 것은 정보를 비판적으로 보고 정확하게 분석하고 판단하는 힘이다. 어떤 기준을 갖고 정보를 내 것으로 만들어야 하는지 판단해야 한다. 정보가 올바른지 판단하고 골라내는 힘이 중요하다.

기본적으로 학교 교육은 글을 읽고 이해하는 능력을 키우고 있으나, 데이터가 쏟아지는 오늘날은 정보를 걸러내는 능력에도 관심을 두어야 할 때다. 학교를 나와 사회생활에서는 정보를 필터링하는 능력이 더 필요하다.

전문화된 업무에 몰두하다 보면, 스스로 채워가야 하는 교양을 가볍게 여기고 폭넓은 이해는 물론 정보를 필터링하는 능력에도 문제가 생길 수 있다. 특정 분야에서 전문가가 되는 일도 중요하나 넓게 읽어 박학다식함을 가지는 일도 가볍게 볼 일은 아니다. 철학, 사회학, 예술, 문학, 역사, 지리, 과학, 환경, 문명 등 넓은 분야의 책을 읽어 바탕을 다진 후에 자신이 흥미 있다고 판단한 분야를 파고드는 독서가 필요하다. 우물을 깊게 파려면 넓게 파기 시작해야 하는 것과 마찬가지다. 그래야 세상일에 관한 안목을 가질 수 있다. 안목을 가져야 어려움에 대비하고 상황을 통찰할 수 있다. 이것이 독서를 해야 하는 까닭이다.

**자신의 내면을 채우고 타인을 이해하여 갈등을 줄이는 방법으로 독서만 한 것은 없다**

일과 중에 만나는 사람이 몇 명 인지, 휴대폰에 저장된 연락처에 몇 명이 있는지 생각해본다. 한 달, 혹은 일 년에 만나 이야기를 나누는 사람이 몇인지도 생각한다. 논란이 있기는 하나 '던바의 수' 란 게 있다. 인간이 안정적으로 관계를 형성할 수 있는 적정한 수를 말한다. 일반적으로 평균치인 150명으로 본다. 물론 아주 친밀한 관계를 유지하는 수는 5명 내외라고는 하지만, 인터넷을 수단 삼아 던바의 수가 150명 이상으로 확대될 수도 있다. 150명의 사람들은 자신의 경험과 지식을 토대로 가치관을 형성해 살아간다. 150명의 사고와 행동 방식이 같을 수 없다. 서로 다른 사고와 행동 방식을 가진 사람과 접촉하고 교류하는 과정에서 갈등이 발생한다. 보통은 자기 생각을 우선하기 때문이다. 갈등이 발생하면 감정이 상하고, 상한 감정으로는 공감대를 형성하지 못한다.

책을 읽는 사람이 심리학에 관련된 책을 선택해 읽는 까닭은 나와 다르게 생각하고 행동하는 타인과 갈등을 줄이려고 하기 때문이다. 아들러의 심리학에 관한 책이 쏟아지고 베스트셀러가 되는 까닭이다. 곤경과 혼란, 갈등 속에서 어떻게 살아야 하는가 고민하는 사람이 많아지고 있다. 2023년 《세이노의 가르침》과 쇼펜하우어 관련 책을 많이 읽는 까닭은 무엇일까? 갈등하지 않고 원만한 삶을 살거나, 갈등을 극복하거나, 어려움 속에서 꿋꿋하게 살아가려는 욕구는 누구나 갖고 있기 때문이다.

이처럼 자신을 이해하여 내면을 채우고, 타인을 이해하여 갈등을 줄이는 방법으로 독서만 한 것은 없다. 과거에 책을 읽는 사람은 권력을 누려왔다. 권력이 수평화되는 시대에 독서는 자신을 이해하고 타인과의 관계를 형성하는 데 영향을 주며, 그 영향력은 약해지지 않을 거라 믿는다.

### 책 읽는 것을 사람 사귀는 것과 견주어본다

사람을 사귈 때 정직한 사람을 사귀어야 한다. 정직하지 못한 사람을 사귀면 자신의 인생을 망친다. 책은 사기를 치지 않는다. 책과 독서라는 행위는 정직하다.

사람을 사귈 때 이중적인 사람을 피한다. 앞에서 하는 말과 행동이 뒤에서 하는 언행과 다른 사람을 멀리하려는 것은 당연하다. 책과 저자, 독서라는 행위는 이중성이 없다. 투명하다. 거짓

말을 할 수 없다. 시간이 흘러도 책은 증거로 남기 때문이다. 말은 사라지지만 글은 남는다.

사람을 사귈 때, 우리는 배려할 줄 아는 사람을 좋아한다. 책은 읽는 사람의 수준과 역량에 따라 고를 수 있다. 누구도 책을 고르거나 추천할 때 상대를 고려하지 않고 책을 읽으라 하지 않는다. 사람을 사귈 때 자기 성격과 맞는 사람을 사귀기가 쉽다. 책도 마찬가지다. 자기 주관과 취향에 맞춰 읽을 수 있다. 에세이가 좋은 사람, 소설이 좋은 사람, 사회학이나 철학에 관심이 있는 사람, 예술에 관심이 많은 사람 등 자신에게 어울리는 책과 저자를 만날 수 있다.

**이 책은 다양한 주제를 다룬다. 박학의 기쁨을 누릴 수 있다.**

칼럼은 독서를 통해 얻은 지식과 통찰로 시기와 상황에 맞는 주장을 펼치고 있기 때문이다. 책을 읽은 사람이 주장을 펼 때, 어떤 독서 경험을 토대로 말하는가를 살펴볼 수 있다. 한 권의 책에서 주제를 뽑아 쓴 글에서 작가가 뽑은 주제와 독자가 뽑은 주제가 다를 때, 왜 이런 차이가 생기는지 생각하고 자신의 의견을 덧붙일 수 있다.

여러 권의 책에서 하나의 문제의식으로 엮은 글이 있다. 독서의 결과로 문제의식을 발견하는 사례를 만날 수 있고, 책을 선택하는 기회나 기준으로 삼아 깊이 있는 독서를 지속할 수 있다. 벽돌을 쌓아 건축물을 만들듯이 혹은, 아름다운 정원을 가꾸듯이 앞으로 읽게 될 책으로 자기의 문제의식과 해결 방법을 찾는 과정에 도움이 될 수 있다.

세종시에서 노충덕

차례

## 02 선인들의 삶에서 배우기

## 03 문제의식에 대해 결별하기

01

# 폐문 독서와 마주하기

위안을 얻으려면 폐문(閉門) 독서를 해야 한다.

문(門)은 나와 타자와의 소통을 뜻하고,

폐(閉)는 소통을 일시적으로 멈추는 것이다.

새벽 5시는 오직 독서에 나를 던져 놓을 수 있는 시간이다.

누구도 방해할 수 없는 시간에

책 읽는 일을 반복해 습관으로 만들 수 있다.

# 어떻게 살 것인가?

"일 년 계획은 곡식을 심고, 십 년 계획은 나무를 심고, 일생 계획은 사람을 심는 것보다 더한 것이 없다."

《관자》에 나오는 말이다. 일생 계획은 초년에 세우고, 일 년 계획은 봄에 세우고, 하루 계획은 새벽에 세운다. 계획을 세우는 것은 마음가짐을 다잡는 일이기도 하다. 누구에게나 설날은 오고, 학생에게는 새 학기가 있다. 봄은 시작하기 좋을 때나, 마음을 다잡는다면 언제든지 좋을 때다.

누군가는 목표를 위해 완벽하게 살겠다는 계획을 세운다. 완벽한 삶을 사는 사람들은 '시도하지 않는 것도 실패'라며 과감하게 도전한다. 고난을 신의 선물로 받아들이고 자신을 담금질하며 포기하지 않는다. 세계 최대 제국을 세운 칭기즈칸, 권투 선수 무하마드 알리, 열정적인 발레리나 강수진의 삶은 완벽한 삶을 살아온 결과다.

완벽한 삶에 대한 더 많은 이야기는 정진홍의 《완벽에의 충동》에서 만날 수 있다. 완벽한 삶을 추구하는 사람은 스스로 경쟁 속에 뛰어들어 극심한 스트레스를 받는다. 경쟁에 몰두하다 번아웃을 경험하거나 자살에 이르는 경우는 안타깝다.

요즘 한국 사회 분위기에서 '작지만 확실한 행복을 찾겠다' 거나 '휘게(Hygge)' 같은 여유 있는 삶을 선택하는 사람들이 늘어나고 있다. 탈 벤-샤하르의 《완벽의 추구》는 완벽한 삶보다 최적의 삶을 사는 사람들의 이야기다. 최적주의자는 실패와 고통스러운 감정을 받아들이고, 성공과 현실을 있는 그대로 받아들인다. '완벽하지 않아도 괜찮다' 고 생각하고 행동한다. 완벽주의자가 추구하는 삶은 신화 속 시시포스가 짊어진 과업처럼 끝이 없다. 최적주의자의 삶은 의미 있는 모험을 하는 오디세우스의 서사시를 닮았다.

《세이노의 가르침》은 완벽에의 충동에 가까운 삶을 "피보다 진하게" 살라 한다. 살아가는 방식을 선택하는 일은 각자의 몫이다. 완벽과 최적을 양극단에 두지 말아야 한다. 젊은이가 최적만을 추구하면 불성실하다는 평가를 받기 쉽고, 늙은이가 젊은이에게 완벽만을 요구하면 꼰대라는 평가를 받기 쉽다. 삶의 목표와 처한 상황에 따라 완벽을 추구할 때와 최적을 추구할 때가 다를 뿐이지 선택이나 우열의 문제는 아니지 싶다.

파울로 코엘료는 장편 소설《브리다》에서 삶에서 취하는 태도를 두 가지로 견준다. 하나는 건물을 세우는 일과 같은 삶이다. 건물이 완성되면 삶의 의미를 잃게 된다. 정원을 가꾸는 사람과 같은 삶의 태도는 늘 고생하고 쉴 틈이 없지만, 성장을 멈추지 않도록 한다. 멈추지 않고 성장하는 삶을 살아가자는 것이다.

우리는 살다 보면 역경을 만난다. 자신의 삶이 어려움에 부닥쳤는가? 최재석의《역경의 행운》을 읽다 보면 내 어려움의 크기는 사소하다고 느낀다. 누구나 자신이 처한 역경의 크기와 견주어 보고 어렵지 않게 극복할 힘을 얻을 수 있다.

나무 의사 우종영의《나는 나무처럼 살고 싶다》를 보면, 한번 뿌리를 내리면 평생 그 자리를 떠나지 못하지만 불평하거나 포기하지 않고 자신의 삶에 최선을 다하는 나무로부터 인생의 지혜를 얻을 수 있다. 구본형은《익숙한 것과의 결별》을 통해 "낯선 곳에서 아침"을 맞으라고 한다. 정재승은《열두 발자국》에서 회의적인 태도로 사는 과학자의 삶을 보여준다. 벤저민 프랭클린의《프랭클린 자서전》은 한창 성장하는 자녀에게 읽혀 실천하게 할 가치가 있다. 세계의 청소년들이 성실하게 인생을 살아온 그에게서 배우려고 즐겨 읽는 책이다.

시간은 하늘이 사람에게 준 것 중에서 가장 공평하다. 그 시간 중에서 오직 우리 것이고, 우리 뜻대로 할 수 있는 것은 오늘이다. 누구나 오늘의 '내면의 충실함' 을 독서로 채워나가면 좋겠다. 홀로도 좋고 가족과 함께라면 더 좋을 듯하다. '어떻게 살 것인가' 를 두고 대화하는 저녁을 상상한다.

# 살면서 독서가 쓸모 있나요?

자본주의 사회에서 책을 읽어 돈을 벌기는 매우 어렵다. 말이 좋아 프리랜서지 글을 써 생활해 나가는 사람은 몇몇 작가뿐이다.

"독서가 무슨 쓸모가 있을까요?"
"어떤 책이 좋은지 추천해 주세요."
초청 강의에 가면 빠지지 않고 받는 질문과 요청이다.

건강한 삶은 보편 가치다. 나이 든 사람, 돈과 명예를 가진 사람도 건강이 제일이라 하지 않는 사람은 없다. 운동으로 신체의 건강을 지키고 몸이 아프면 병원에 간다. 신앙생활이나 명상은 정신 건강을 지키는 데 도움이 된다. 독서는 정신 건강을 위해 유익한 방법이라고 믿기에 모두가 책 읽는 삶을 꿈꾼다. 예기치 않은 어려움이 닥쳐왔을 때 당황하지 않고 극복할 회복 탄력성을 키운다.

독서의 쓸모에 관한 질문은 밥을 먹으면 배가 부른 것처럼 뭔가 확실하게 보여달라는 말이다. 매일 밥을 먹어 배설하지만, 보이지 않는 영양분이 건강한 몸을 만든다. 책을 읽는 과정과 결과는 눈에 쉽게 보이지 않아도 지적 호기심을 채우고 안으로 성장하게 한다. 어리석어 보이는 질문을 한다는 것은 실용성 있는 독서에 대한 갈증이 있다는 반증이다. 실생활에서 독서로 도움을 받고 싶다는 욕구다.

직장생활에 유용한 추천 도서로 무엇이 좋을까?

가정과 학교는 잘못을 용서하고 기회를 다시 주지만 직장생활은 차원이 다르다. 아이디어, 일의 기획과 보고는 말이나 글로 표현해야 한다. 효율성과 성과를 요구한다. 아무 말 잔치를 벌이거나 일의 맥락을 표현하지 못한 기획안과 보고서는 질책을 받는다.

패트릭 G. 라일리의 《The One-Page Proposal》은 사업을 기획할 때 '자료를 읽을 대상'을 고려하라고 말한다. 학교나 기관, 사업체에서도 활용할 수 있다. 한때 대학가에서 박신영의 《기획의 정석》과 《보고의 정석》은 '자기만 알고 싶다'는 책이었다. 대학생 자식에게 읽게 했더니 발표 실력이 늘었다.

좋은 책을 추천해달라는 요청이 가장 어렵다. 나이, 성별, 취향에 따라 독서 방향이 다른 탓이다. 한 사람씩 이야기를 나눠보고 상황에 맞게 책을 추천해왔다. 독서를 꾸준히 하자는 당부를 곁들였다. 몰아치지 말고 적은 분량이라도 꾸준하게 읽어야 한다. 그래야 기분이 좋거나 나쁘거나 몸이 아플 때조차 책을 읽을 수 있다.

정민의 《오직 독서뿐》을 읽고 성인에게 추천하기도 했다. 조선 최고 지식인들의 삶을 바꾸는 핵심 독서 전략을 담고 있다. 허균에서 홍길주까지 9명이 책을 읽는 까닭, 의문과 메모의 독서법, 옛 성현의 독서 아포리즘, 바탕을 다지는 자득의 독서, 안목과 통찰, 사색과 깨달음 등 독서에 관한 생각을 엿볼 수 있다.

졸저 《독서로 말하라》는 직장생활을 하면서 문 · 사 · 철 위주로 책을 읽어 세상을 보는 관점을 갖게 된 경험을 고백한다. 40, 50대가 책 읽기 좋은 시기라는 연구 결과와 경험을 밝혔다.

최보기의 《독한시간》 등 서평가의 도움을 받으면 양서 고르는 수고를 덜 수 있다. 이문구의 《관촌수필》, 《우리 동네》에는 잊혀가는 충청도 사투리가 가득하다. 우리 부모들이 입에 달고 살았던 입말들이 고샅 고샅에서 튀어나온다. 《섬진강 진뫼밭에 사랑비》는 부모와 고향을 생각하는 작가의 언행에 눈시울이 뜨거워진다. 《전라도 촌스러움의 미학》은 애향의 미학을 넉넉하게 담고 있다.

독서는 글쓰기로 연결돼야 좋다. 글쓰기는 이렇게 한다고 하는 책은 수없이 많다. 《유시민의 글쓰기 특강》, 《강원국의 글쓰기》, 《문장 기술》, 《글쓰기의 최소원칙》, 《읽고 생각하고 쓰다》, 《동사의 맛》은 글을 쓰고 싶을 때 먼저 읽어보면 좋다.

자본주의 사회라도 돈으로 모든 것을 해결할 수 없다. 사랑의 기쁨과 실연의 고통, 역경의 극복과 회복 탄력성, 실용성 있는 전문 지식 등은 책을 읽을 때 얻을 수 있다. 저자의 것을 내 것으로 삼아 내적 성숙을 경험하고 생활에 활용할 수 있다면 좋을 것이다. 실용성만 따지거나 활용하지 못하면 독서의 의미는 반감된다.

유익한 책도 그 절반은 독자에 의해 만들어진다는 것을 기억하자.

# 모두가 책 읽는 삶을 꿈꾸며

서양에서 유대인은 오랫동안 핍박받은 역사가 있다. 원정을 떠나던 중세 기독교의 십자군은 치안을 해칠 수 있다는 빌미로 유대인을 집단 학살했고, 히틀러와 수하들은 홀로코스트를 자행했다.

20세기 중반 이후 유대인은 뉴욕 월가의 큰손이 되었고, 미국의 정치, 문화예술 분야에 영향을 행사하는 반전을 이루었다. "미국에는 영원한 적도, 영원한 친구도 없다. 오직 국익만이 존재할 뿐"이라며 냉전 시대 미국 외교를 이끈 국무장관 헨리 키신저, 〈쉰들러 리스트〉와 〈라이언 일병 구하기〉로 아카데미 감독상을 받은 스티븐 스필버그, 행동경제학의 기틀을 세운 미국의 경제학자 대니얼 커너먼 등 역대 노벨상 수상자 중 약 30%가 유대인이다.

노벨상 수상자가 발표되면 한국 언론은 왜 우리나라에서는 노벨상 수상자가 나오지 않는가를 두고 한바탕 소동을 벌인다. 우리나라에서 노벨상 수상자가 나오기를 기대하는 것이 아직은 꿈이고 착각이다.

2021년 국민 독서 실태조사에 따르면 한국 성인의 연평균 독서량은 4.5권이다(2017년은 8.3권이었고, 2021년에 비해 2023년에는 더 줄었다). 2017년 기준 일본은 40권, 이스라엘은 60권이다. 한국인과 유대인의 독서량에 누적이란 함수를 넣어본다. 10년이 지나면 한국인은 45권, 유대인은 600권을 읽는다. 50년이면 한국인은 225권, 유대인은 3,000권을 읽는다. 시간이 흐를수록 독서량은 기하급수로 차이가 벌어진다. 독서량의 차이가 국가역량의 차이, 국민 수준의 차이를 만들 것으로 예측할 수 있다.

《탈무드》와 유대인 부모의 교육법, 교육계에서 유행하는 '하브루타 수업 방법' 에서 유대인의 저력을 찾는 것은 숲을 보지 못하고 나무를 보는 격이다. 유대인의 역량은 독서량을 기초로 커진다. 왕성한 독서 덕분에 부모와 자녀 사이에 질문과 대답을 할 수 있다. 교실에서 짝을 지어 토론하는 하브루타 수업도 독서로 얻은 지식을 토대로 진행된다.

일본은 2020년부터 대학 입학 공통 예비시험에서 주관식 문항을 도입했다. 2023년에는 장문형 논술로 바꿨다. 일본 중·고등학교의 평가 방식과 수업은 당연히 바뀌게 된다. 일본의 학생들은 시험에서 논거를 대고 자기 생각을 써야 한다. 토론하고 '자기 생각을 글로 쓰는 교육'으로 바꾸어 사고력을 키우자는 뜻이다. 일본의 교육 행정기관들은 이미 학교에서 독서를 강조하는 정책을 시행한다.

우리나라의 대학수학능력시험과 중 · 고등학교 시험문제는 선다형 문항이 중심이다. 문제 풀이를 반복하고, 치열한 경쟁으로 독서에 시간과 재정을 투자하기 어렵다. 일본의 교육정책 변화는 우리에게 자극을 준다. 서울교육청 산하 중학교 학생들은 2019학년도부터 국어, 영어, 수학, 과학, 사회 교과 중에서 1개 과목은 반드시 논 · 서술형으로 시험을 치른다. 공정성 확보라는 문제가 있으나 바람직한 방향 전환이다.

몇몇 교육청은 IB(International Baccalaureate)를 도입했다. IB에서 에세이는 필수로 절대평가 방식이다. 자신의 지식과 생각을 글로 써낼 수 있어야 한다. 물론 IB는 공교육이 아닌 사교육의 범주에 속하며, 근본적인 상대평가 방식의 입시 경쟁이 해소되지 않는 이상 그 어떤 방편도 입시 경쟁에 종속될 수밖에 없는 한계도 있다. 《책문》을 보면 조선시대 과거(科擧)도 논술시험이다. 학교에서도 독서를 중요하게 다뤄야 하는 시대적 상황이다. 우리만 선다형 문항을 놓지 못하고 있다.

성인의 독서량이 선진국에 견주어 부족하고, 학생에게 독서는 구두선(口頭禪)에 그치고 있다. 이렇게 한국인의 지적 성숙과 지혜로움은 아직 멀리 있어 보인다. 독서를 토대로 역량을 키우지 못한 채 노벨상 수상을 바라는 것도 허망한 기대다. 나는 학생이든 성인이든 누구나 책 읽는 삶을 꿈꾼다. 많은 사람이 책 읽을 시간이 없다고 한다. 그러나 시간이 많지는 않지만, 독서를 꽤 하는 사람도 있다. 책을 읽어야 할 까닭은 넘치게 많다.

칼럼을 쓰고 초청 강연에 응하며 책을 내는 까닭은 누군가에게 책 읽는 시간을 만들고 독서량을 늘려가는 길에 도움이 되고 싶어서다. 성인의 독서량이 학생의 독서량보다 적어야만 할 이유는 없다.

# 폐문 독서로 나를 마주한다

고된 일로 힘에 부쳐서 이른 시간에 일어나기 힘들거나, 불규칙하게 먹고 자는 사람에겐 헛소리로 들릴 것이다. 읽으려고 하지 말고 충분히 잠자는 시간을 갖는 것도 몸에 이롭다.

책을 읽자고 하면, 직장인이나 자영업을 하거나 업무에 바빠 쉴 틈이 없단다. 24시간을 어떻게 지내나 생각해본다. TV 드라마나 유튜브를 보고, 잠을 자고, 회식하는 시간만 줄여도 시간은 낼 수 있다. 짧은 시간일지라도 언제나 책을 읽는다는 마음이면 충분하다. 책을 읽을 시간이 나야만 책을 읽겠다고 생각한다면 독서는 나와 상관없게 된다. "책 읽을 시간이 없다"는 사람에게 "시간이 많지는 않지만, 독서를 꽤 하는 사람도 있다"고 말해준다.

젊었을 때, 깨워주거나 자명종에 의지하지 않고 일찍 일어나기란 쉽지 않다. 사람의 문제는 시중(時中)의 문제다. 나이가 들면 깨우지 않아도 눈을 뜨고, 시각은 점점 빨라지기도 한다. 겨울날 새벽 5시경에 잠에서 깨면 무엇을 하나 되돌아 보자. 건강을 위해 운동을 나가기도 하지만, 뒤척이거나 TV를 켜고 아침을 기다린다. 이 시간이야말로 책을 읽기에 가장 좋은 시간이다.

독서를 하려면 폐문(閉門)해야 한다. 문이란 나와 타자와의 소통이다. 가족과 이야기를 나누거나 TV를 보거나 스마트폰으로 메시지를 주고받는 것이다. 폐는 소통을 일시적으로 멈추는 것이다. 근무 시간에 폐문하고 책을 읽기는 어렵지만, 가족이 자는 새벽 5시는 업무 전화도 오지 않는다. 오직 독서에 나를 던져 놓을 수 있는 시간이다. 아무도 방해할 수 없는 시간에 독서를 반복해 습관으로 만들 수 있다. 남편이라면, 쌀을 씻어 밥솥에 넣고도 책을 읽을 수 있다. 밥 짓는 데 5분이면 족하다. 그러면 아내에게 사랑받는다. 겨울날 새벽은 마음먹으면 독서를 할 수 있고, 가족의 사랑을 키우는 시간이 된다. 하고 안 하고는 저마다의 몫이다.

아침 독서의 맛을 알려면 어떤 책을 읽을 것인가. 우선 읽기 쉽고 사람 사는 이야기를 쓴 에세이를 선택하면 좋다.

김훈의 《자전거 여행》(전 2권)을 읽으면 나이가 들어 무뎌져 가는 감성을 깨울 수 있다. 책을 읽어가며 흙 내음을 맡고, 얼굴을 스치는 바람과 몸을 적시는 땀도 느낄 수 있다. 고개를 오르고 내려가는 자전거 타기에서 인생을 생각하게 한다.

세네카의 《인생이 왜 짧은가》를 읽으면, 행복한 삶에 관한 통찰을 배울 수 있다. 인생의 길이는 햇수가 아니라 시간을 얼마나 유용하게 사용하느냐로 보자고 한다. 마음의 평정도 중요하다. 마음의 평정을 위해 공동체에 봉사하고 언제 어디서나 불행과 죽음을 대비한다면 평정을 얻을 수 있다고 한다. "섭리가 있다면 왜 선한 자들에게 불행이 자주 닥치는가?" 묻고, 고통은 좋은 목적에 이바지할 것이 틀림없으며, 무엇보다도 고통과 시련을 통해 인간은 더 강해진다고 답한다. 직장에서 힘든 일을 겪거나 가정에서 고통스러운 일이 있을 때, 스토아 철학자들의 가르침을 떠올려 인생을 살아갈 용기와 희망을 얻는다.

살아가며 감사함을 표하는 일은 받는 사람과 주는 사람에게 모두 복된 일이다. 로마 제국의 황제도 감사함을 표현할 줄 알았다. 마르쿠스 아우렐리우스의 《명상록》은 문학과 철학의 걸작이다. 황제는 《명상록》에서 가족, 친구, 스승, 신과 자연에 대한 감사의 글을 11쪽에 걸쳐 표현하고 있다. 글도 쉬워 누구나 읽을 수 있다. 자녀에게 권해도 좋은 글이다.

조윤제의 《말공부》도 새벽에 읽어볼 만하다. 내면의 힘이 말이 되고 내면의 충실함이 말의 충실함이 된다. 그런데 사람들은 말하기를 기술로 여기고 배우려 하므로 실패한다고 한다. 말은 나를 표현하는 첫걸음이기에 말에도 공부가 필요함을 쉽게 알려준다.

마르틴 부버는 《나와 너》에서 모든 참된 삶은 만남이라고 규정한다. "근원어 '나-너'는 오직 온 존재를 기울여야만 말해질 수 있다. 온 존재로 모이고 녹는 것은 결코 나의 힘으로 되는 것이 아니다. 그러나 나 없이는 이루어질 수 없다. '나'는 너로 인하여 '나'가 된다. '나'가 되면서 '나'는 '너'라고 말한다."

좋은 책들이 여기저기 읽어달라고 손들고 있지 않은가? 좋은 책은 나를 마주하게 한다.

# 의식이 행동을 결정한다

어떻게 읽을 것인가. 책 읽으려는 사람들이 선택하는 목록에 독서법을 다룬 책이 여러 권 있다. 다독, 정독, 남독 등 책을 읽어 자신의 것으로 만드는 방법은 책마다 사람마다 다르다. 책을 읽다 보면 관점이 생긴다. 관점을 가지고 읽는 관독(觀讀) 경험을 나누고 싶다. 칼 마르크스는 "사회적 존재가 의식을 결정한다"고 한다. 프로이트는 무의식이 행동을 결정한다고 하지만, 의식이 행동을 결정한다는 것은 자명한 철학 원리다.

'자연은 인간을 위한 것' 이라는 관점과 '인간은 자연의 일부' 라는 관점은 다른 결과를 낳는다.

"땅을 정복하라, 바다의 물고기와 하늘의 새와 땅에 움직이는 모든 생물을 다스리라 하시니라."

〈창세기〉의 기록이다. 《소크라테스 회상》을 읽으면, 소크라테스가 "자연은 인간의 이익을 위해 만들어졌다"고 여겼음을 알 수 있다. 이러한 관점은 17세기에 프랜시스 베이컨에 의해 널리 퍼졌다. 베이컨은 《신기관》에서 자연을 지배할 수 있는 권리는 인간에게만 있고, 이성과 종교를 수단으로 삼아야 한다는 신념을 믿고 실천했다.

17세기 과학혁명은 산업화를 가능케 했다. 〈창세기〉, 소크라테스, 프랜시스 베이컨으로 이어지는 자연관은 환경 파괴와 오염의 바탕에 깔려 있다. 정복을 지향하는 자연관은 산업화, 자본주의와 함께 자연을 파괴하고 환경을 오염시킨 출발점이다.

20세기에 '자연은 인간을 위한 것' 이라는 관념에 반론을 제기하는 흐름이 생겼다. 1962년에 레이첼 카슨이 살충제의 위협을 다룬 《침묵의 봄》을 내놓았다. 20세기에는 산업화가 진전되고, 화학공업의 발달로 화학약품을 살충제로 사용하게 되었다. 살충제를 반복적으로 사용한 결과 해충의 저항력은 강해지고, 익충들이 더 피해를 보게 된다는 사실이 밝혀졌다. 살충제로 인한 지표수, 지하수, 강, 토양의 오염이 인간에게 주는 피해를 열거하며, 인간이 정복자로서 살아가는 데는 한계가 있을 수밖에 없다고 주장한다.

《침묵의 봄》은 환경 분야의 고전이다. 같은 관점에서 미국 부통령을 지낸 환경운동가 앨 고어의 《불편한 진실》은 죽음, 세금, '인류가 지구 온난화의 주범' 이란 사실은 우리가 피할 수 없다고 한다. 지구 온난화는 유행처럼 등장했다가 사라질 문제가 아니라, 너무 익숙해진 사이에 더 심각해지고 있다고 주장한다. 그레타 툰베리는 기성세대에게 책임을 방기하지 말라고 호소한다. E. F. 슈마허는 《작은 것이 아름답다》에서 "근대인은 자신을 자연의 일부로 받아들이지 않고, 그것을 지배하고 정복할 운명을 타고난 외부 세력이라 여긴다"고 지적한다.

환경오염을 눈에 보이는 현상으로만 보지 않고 철학의 문제로 인식할 수 있다. 이처럼 독서를 통해 관점을 가질 수 있고, 반성과 해결을 시도할 논거를 찾을 수 있다.

한강, 낙동강, 금강, 영산강에 설치한 보를 어찌할 것인가. 진보와 보수 진영 간에 "수질을 보호해야 한다"는 견해와 "농업용수의 부족을 우려"하는 견해로 나뉘어 갈등하고 있다. 전문가들의 의견을 들어 결정하여 예상하는 피해를 최소화할 수 있을 것이다. 토론이 논쟁이 되어 말싸움하게 되면 자기 뜻만 강조하고 상대의 뜻을 무시하기 쉽다. 논쟁이 자존심이나 정치적인 입장에 서다 보면 얻는 것보다 잃는 것이 많아진다. 어느 쪽이나 잃는 것이 적어야 한다. 생각은 말과 글이 되고, 말은 토론과 논쟁의 수단이다. 토론과 논쟁에서는 효과적으로 논증해야 한다. 그래야 생각이 달라도 소통할 수 있다. 남의 생각을 바꿀 수 있고,

내 생각이 달라질 수도 있다. 보를 둘러싼 논쟁에서 잃는 것을 줄이려면 다음 원칙을 지켜야 한다. 첫째로 취향과 주장을 구별하고, 둘째로 주장은 반드시 논리적으로 증명하며, 셋째로 처음부터 끝까지 주제에 집중해야 한다.

컴퓨터 과학자 앨런 케이는 "관점의 차이는 IQ 80의 차이에 준한다"고 말한다. 독서로 생기는 다양한 관점으로 세상을 현명하게 바라보자.

# 여권 없이 여행을 떠난다

"역사를 잊은 민족에게 미래는 없다."

일제강점기에 《조선상고사》를 쓴 단재 신채호의 절규다. 허약한 나라를 이어가야 한다는 각오를 다잡으려는 뜻을 담고 있다. 우리 일반인의 역사 지식이란 실상은 역사 교과서 수준에 그친다. 뛰어난 업적을 이룬 왕과 적을 막아낸 장수, 사극을 보고 만들어진 이미지로 기억하는 경우가 대부분이다. 우리 역사는 아직 식민사관을 완전히 벗겨내지 못했다. 역사를 전공하지 않고 역사를 연구한 결과는 반영하지 못한 한계도 있다.

과거로부터 현재를 이해하고 미래에 아픈 역사를 되풀이하지 않는 길은 독서라는 타임머신을 타는 일이다. 과거의 눈으로 보아 명백한 잘못을 지금도 비판하지 않거나, 오늘날까지 영향을 미치는 폐해를 바로잡지 않는 것은 착오다. 로마 교황이 십자군 원정의 잘못을 시인했듯이 역사를 비판하고 반성해야 새로운 미래를 개척할 수 있다. 과거의 역사를 반복하지 않으려면 부끄러운 역사의 원인을 분석하고 비판할 수 있어야 한다.

한국의 역사 연구는 아직도 선악 이원론에서 헤어나지 못하고 있는 듯하다. 흔히 《삼국사기》는 정사이고 《삼국유사》는 야사라고 한다. 대학 교수가 연구하고 역사 교과서에서 다뤄야 정사이고, 재야 사학자의 연구 발표는 인정받기 쉽지 않다. 삼국 통일을 이룬 신라의 김유신은 훌륭하고, 패한 계백 장군과 연개소문은 덜 훌륭한가? 의열단장 김원봉은 통일 후에도 현재의 잣대로 보아야 할까? 시간이 승패를 결정한다. 평가는 시간의 역사에서 바뀐다. 언젠가 보듬어야 할 역사다. 아직 우리의 역사 인식은 학교에서 배운 역사 지식에 머물러 있다. 대륙과 해양을 다 가진 지정학적 이점을 명확하게 보려면, 역사를 살펴 다시는 기회를 놓치지 않아야 한다.

관심을 가지면, 우리 역사를 살찌운 역사 연구자들의 노력을 독서로도 배울 수 있다. 18세기 유득공은 혼자서 공부하며 청나라 심양에서 찾은 자료를 통해 《발해고》를 남겼다. 우리는 《발해고》가 있었기에 자발적 사대주의를 시작한 통일신라 외에도 만주에 우리 민족의 역사가 살아 숨 쉬었음을 배웠다. 1930년대 신채호는 《조선상고사》를 통해 지난 역사를 부정하는 것은 역사적 죄를 짓는 것이라 주장했다.

1960년대 함석헌은《뜻으로 본 한국 역사》에서 한국사를 고조선과 고구려를 본류로 하는 민족사관에서 조선 역사를 썼다. 신라의 삼국 통일은 한민족의 활동 무대가 대동강 남쪽으로 쪼그라지게 했고, 이성계의 조선 건국은 만주 회복을 포기한 사건으로 본다. 1990년대 김성호는《중국 진출 백제인의 해상활동 천오백 년》으로 서해안이 중심이던 동아시아 해양사를 밝혔다. 바다 건너에 우리 영토를 가졌던 시기는 백제 때가 유일하다. 2000년 이태진의《고종 시대의 재조명》과 2017년 황태연의《갑진 왜란과 국민 전쟁》은 20세기 초 역사를 바로잡는다. 대한제국이 흐리멍덩한 고종 황제 탓에 망했다는 인식은 왜곡된 것임을 밝히며, 흥미로운 사실들을 발굴한다. 최재석의《역경의 행운》 덕분에 고대 한일관계사의 진실을 볼 수 있다. 이들 중 역사학을 전공하지 않았음에도 역사 연구에 평생을 바친 이가 있다. 1960년대 이후에 연구된 이와 같은 사실은 아직 학교 교과서에서 충분히 다루지 못한다. 역사에 관심을 둔 독서가들이 안타까워하는 일이다.

독서로 역사 지식을 조각조각 모아보니 부족한 게 많다. 그만큼 바라는 바도 적지 않다. 역사학 전공자들은 식민사관을 극복하려는 노력에 더 힘쓰고, 재야 사학자들의 노력에도 귀 기울여야 한다. 교과서에서 다루지 않았던 역사 연구 결과를 교과서에 반영하는 시스템도 필요하다. 한 걸음 더 나아가 세계사의 흐름 속에서 우리 역사를 바라보는 시각이 절실하다. 높은 산을 우러러보고 큰길을 걸어가려면 역사 공부는 빼놓을 수 없다. 이를 위해 해가 가기 전에 타임머신을 타자.

역사 여행자에게는 여권이 필요하지 않다.

## 왜 칭찬보다 충고가 어려운가?

주기 어렵고, 받아도 유쾌하지만은 않은 말이 있다. 충고, 조언, 책선(責善). 잘못을 지적하고 좋은 일을 권하는 말이다. 아무리 좋은 의도라도 그 때문에 관계가 틀어질 위험이 있다. 책을 읽다 보니, 옛날에는 천륜으로 맺어진 부모와 자식 간에 해서는 안 되고, 절교가 가능한 벗 사이에서나 할 수 있는 일이었다고 한다. 모두가 상처를 남길까 조심스러워 주고받기를 주저한다.

잘 주고받은 조언으로 생각과 행동을 바꾸면 서로에게 득이다. 글을 읽다 보면 본받고 싶은 사례가 많다. 58세의 퇴계 이황과 32세의 고봉 기대승이 13년간 편지로 학문적 논쟁과 조언을 주고받았다. 조언과 교류는 시대를 뛰어넘어 《퇴계와 고봉, 편지를 쓰다》로 만날 수 있다. 율곡과 퇴계의 학문적 교류도 편지로 질문하고 답한다. 그들의 학문적 성취에 책선이 있었다.

부모와 자녀의 견해 차는 동서고금을 막론한다. 부모 속을 썩이거나, 원칙만 생각하고 행동하는 융통성 없는 모습에 '앞으로 사회생활을 어찌할까?' 를 걱정하지만, 후생가외(後生可畏)다. 자식은 장래에 무한한 가능성을 가졌으니 부모가 먼저 변해야 한다. 부모가 먼저 책을 읽어 자녀와 생각을 나누고, 일방적인 조언이 아니라 더불어 대화하는 방식의 조언을 익히면 어떨까.

해야 할 일을 자꾸 미뤄서 곤란하거나 인생이 지루하게 느껴질 때, 어떤 조언이 좋을까? 시간에 관한 조언은 세네카의 행복론 《인생이 왜 짧은가》에서 배운다. 인생의 길이는 햇수가 아니라 얼마나 쓸모 있게 시간을 썼는가로 보라 한다. 수명이 짧은 것이 아니라 오히려 많은 시간을 낭비한다. 우리가 사는 것은 인생의 일부분이다. 나머지는 인생이 아니라 그저 시간일 따름이다. 사람들은 재산을 지킬 때는 인색하면서도 시간을 낭비하는 일에는 너그럽다. 시간에 관한 한 탐욕은 정당하다.

관계 맺음과 끊음에 관해서라면, 이진경의 《불교를 철학하다》에서 '연기적 사유' 를 살펴보자. 좋아했던 남자의 변심을 원망하고 안타까워하고 붙잡아두고 싶지만, 그렇게 하지 못하는 것은 '연기(緣起)' 를 받아들이지 못해서다. 연기란 무엇인가? 어떤 조건에 연하여 일어남이고, 어떤 조건에 기대어 존재함이다. 그 조건이 없으면 존재하지 않음, 사라짐이다. 연기적 사유를 이해하면, 막혔던 가슴이 터지고, 답답함이 사라지며 '아! 그래, 그래' 라고 생각할 수 있다.

어떤 조건에도 변하지 않는 본성이나 실체 같은 건 없다. 연기적 사유는 같은 것조차 조건에 따라 본성이 달라짐을 볼 수 있다는 것이다. 신혼 초 남편과 아내의 생각과 행동이 10년, 20년 후에 같기를 기대하는 것은 바보짓이다. 자녀도 마찬가지다.

사회생활에서 스트레스받는다면, 17세기 철학자이자 예수회 신부인 발타사르 그라시안을 만나보자. 《세상에서 가장 이기적인 조언》은 독서로 만날 수 있는 조언 중에 가장 솔직담백하다.

"별생각 없이 내뱉은 말이 오늘을 망친다. 꽃길도 가시밭길도 스스로 결정하는 것이다. 겉모습에 속지 마라. 포도주병의 상표를 바꿔 붙이는 일은 너무나도 쉽다. 적게 노력하고 많이 얻는 방법은 그저 예의를 지키는 것이다. 고생과 노력의 티를 과하게 내는 사람은 존경받기 어렵다. 결점을 지적하고 약점을 들쑤셔 봤자 내게 땡전 한 푼 돌아오지 않는다. 세상의 평판을 너무 얕보지 마라. 근거 없는 소문이 신용을 좌우한다."

때와 곳에 맞는 조언은 칭찬보다 강력하다.

잘못을 지적하고 좋은 일을 권하려면, 의도가 선하고 진실하며 거칠지 않아야 한다. 조언을 받아들이는 것은 성숙함의 증거다.

자신의 성장을 위해 사양할 일이 결코 아니다. 나를 둘러싼 보호막을 조금씩 걷어내자. 조언을 주고받는 사회가 열린 사회다. 한두 번 조언으로 삶이 변화할 수 있다면 천금의 가치가 있다.

# 2등이 두려운 1등

독재자는 후계자를 정하지 않는다. 이인자를 여럿 두고 충성 경쟁을 유도하며, 두 사람 사이를 헐뜯어 서로 멀어지게 한다. 나라도 마찬가지다.

기원전 5세기경, 그리스 도시 국가 중 병영국가인 스파르타가 가장 강성했다. 해상무역으로 살아가던 아테네가 민주정치와 무역으로 힘이 강성해지자 긴장이 높아졌다. 마침내 스파르타와 아테네는 주변 도시 국가를 동맹으로 끌어들여 전쟁을 벌인다. 전쟁의 배경과 과정을 기록한 것이 투키디데스가 쓴 《펠로폰네소스 전쟁사》다. 그는 펠로폰네소스 전쟁의 원인이 아테네의 부상과 이에 대한 스파르타의 두려움 때문이라고 주장했다. 여기에서 유래된 '투키디데스의 함정' 은 급부상한 신흥 강대국이 기존의 세력 판도를 흔들면, 결국 기존 강대국과 무력 충돌로 이어지게 된다는 뜻으로 통용된다.

유사한 사례는 국제 정치와 국제 경제에서 드러난다. 글로벌 가치사슬로 세계 경제를 연결한 신자유주의 시대라서 이 같은 상황을 곳곳에서 관찰할 수 있다.

20세기 중반 이후 미국은 누가 뭐래도 세계 최강대국이다. 개혁과 개방 전의 중국은 미국에 상대가 되지 않았다. 빠르게 성장한 중국은 일본을 제치고 나아가 G2가 됐다. 4차 산업혁명에서도 미국에 크게 뒤지지 않을 수준까지 따라잡았다. 미국이 안심할 수준을 넘어선 중국으로 성장한 것이다. 미국이 중국에 무역 전쟁을 시도하는 배경에서 '투키디데스의 함정' 을 떠올린다.

2019년 아베 정권은 자유 무역과 국제 분업의 원칙을 어기고 한국에 반도체 관련 소재 수출을 제한했다. 그 배경에는 일본의 견제 심리가 있다. 2018년 우리나라 1인당 국민총소득(GNI)이 일본의 89% 수준으로 올라섰다. 〈니혼게이자이신문〉은 2022년 12월 일본경제연구센터의 예측을 근거로 "일본의 1인당 GDP가 내년에는 한국을 밑돌 것"이라고 보도했다. 한번 역전되면 재역전은 어려울 것이라는 전망도 덧붙였다. 일부 기술력은 일본을 추월한 상황이다. 일본이 우리를 깔보다가 경계의 수준에서 적극적 방해 수준으로 전략을 바꾼 것이다. 독서를 좋아한다면, 일본의 전략 수정은 수천 년 전 투키디데스도 예측할 수 있었던 일임을 알 수 있다. 우리의 적절한 대응과 극복만 생각할 일이다.

미중 무역 전쟁이나 한일 간 상황이 무력 충돌로 커지면 안 된다. 타이완과 중국 사이에 양안 갈등이 고조되고 있다. 일본은 2023년 국방 예산을 2배 늘렸다. 일본이 다시 전쟁을 일으킬 리 없다고 믿고 싶지만, 장담할 수 없는 일이다. 전쟁은 누구에게도 이롭지 않다. 전쟁 영웅에서 반전 평화주의자가 된 스메들리 버틀러가 《전쟁은 사기다》에서 주장했던 바에 귀를 기울여야 한다.

"전쟁은 사기다. 쉽게 가장 큰 이득을 남길 수 있는 사기다. 이득을 보는 사람은 기업가와 은행가다."

버틀러는 전쟁 사기를 없애는 방법으로 주장한 것은 세 가지다.

"하나, 전쟁에서 이득 보는 사람이 없게 해야 한다. 둘, 무장할 젊은이들이 참전 여부를 결정하게 해야 한다. 셋, 군사력을 자국 방어용으로만 제한해야 한다."

## 가정교육, 첫 번째 덕목은 무엇으로 정하지

부모는 자녀의 미래에 기대를 건다. 자녀가 건강하고 공부 잘 하기를 바란다. 부모의 자녀 교육 방법은 미리 배우기보다 자녀를 기르며 많이 깨우친다. 깨우친 부모는 자녀가 장래를 생각해 스스로 옳게 판단하고 예의 바르게 행동하기를 기대한다.

자녀의 방은 누가 청소하는가? 부모가 청소해주지 않으면 난장판이 된 적이 있는가? 로봇 청소기가 한다고? 그렇다면 다시 생각해 보자. 자녀의 방을 청소해준 덕분에 자녀의 효심이 도타워지고 인성이 좋아졌을까? 청소할 시간에 공부하라고 대신 청소해준 덕분에 성적이 오를까? 청소를 해주지 않으면 자녀의 공부 시간이 줄어 성적이 떨어질까?

부모가 자녀의 방을 청소해주는 것은 양육을 망치는 지름길 중 하나일 수도 있다. 스스로 청소할 때와 방법을 생각할 줄 모르고 큰다. 청소와 깨끗함에 관한 판단 경험조차 스스로 얻지 못하게 된다. 성장해서도 남에게 의존하기 쉬우며 스스로 판단하고 행동하기 어렵게 된다. 어릴 때 실천할 일, 가장 쉬운 일이고 기본적인 것이 청소다. 자기 방을 청소하지 않는 아이로 키우는 것은 순전히 부모 책임이다.

마스다 미츠히로는 《청소력》, 《성공을 부르는 방 정리의 힘》에서 방 정리를 우습게 보는 사람에게 미래 창조의 힘이 어디에 있겠는가 반문한다. 방 정리가 미래를 결정한다고 강조한다. 오사마 빈 라덴 제거 작전을 총지휘한 맥레이븐 제독은 2014년 텍사스 주립대 졸업축사에서 '침대부터 정리하라' 라고 말한다. 한국에서 번역 출간된 《침대부터 정리하라》에서 청소라는 작은 것부터 실천하기를 루틴으로 만들어야 한다고 강조한다. 《소학》은 조선시대 인간의 일생과 일상을 구체적으로 제약해 지배층의 권력을 정당화했다는 비판을 받는다. 《소학》은 첫머리에서 아침에 일어나 "침구를 정리하고 소제하라"고 가르친다. 청소하라는 말이다.

학생들은 자기 주변 청소를 할 줄 모르고, '휴지를 치우라' 는 교사의 지도에 '내가 왜 주워야 하느냐' 고 되묻는 상황이다. 누군가는 '유학을 들먹이니 고리타분하다' 고 여길 수 있다. 《소학》을 가르친 조선시대 지식인의 품격을 당쟁이란 범주에 넣고 비난만 해선 안 될 일이다. 남들이 다 버려도 취할 것이라면 취해야 한다. 현대의 기준으로 과거의 사상을 비난하기만 해서는 안 된다. 유교 사상이 가진 시대적 제한을 유교의 결정적 오류로 몰아붙이고 가치도 없는 것으로 비난하지는 말자.

독서를 통해 시대를 뛰어넘는 보편적인 메시지가 무엇인가 알아야 한다. 일어나면 자기 방은 자기가 청소하는 평범한 일상을 정성스럽게 쌓아나가야 한다. 작은 것부터, 가까운 것부터 실천하도록 가르쳐야 한다. 공부라는 한쪽에만 치우치고 주변 청소도 못 하고 크면, 자녀를 곤궁에 빠지게 할 수 있다. 가정에서 자녀 교육은 청소하기부터 시작하자.

# 때로는 단순함이 답이다

대통령이 바뀌고 나면 장관 임용을 두고 바라보는 사람은 스트레스와 갈등을 겪는다. 기득권을 내려놓기가 아쉬운 세력과 기득권 세력이 되려는 사람들 사이에 신경전이 벌어진다. 대통령이 진보 쪽이거나 보수쪽이거나 차이가 크지 않다. 가족, 친구, 동료 간에도 의견이 다를 수 있다. 우리 사회의 수준을 높일 기회로 삼아야 한다. 동트지 않는 밤은 없고 그치지 않는 비는 없다지만, 긴 갈등은 큰 기회비용을 요구하니 바람직하지 못하다. 어떤 관점에서 보아야 하는가?

씨앗은 껍질을 뚫고 나와야만 새싹이 된다. 씨앗이 성장하여 열매를 맺으려면, 물, 공기, 빛이 필요하다. 인간도 마찬가지다. 모두가 자연 일부이기 때문이다. 인간은 언어와 문자를 사용해 교류하며 관계를 맺는다는 점에서 독특하다. 관계를 맺는 수단은 언어와 문자다. 품격 있는 언어와 문자를 쓰는 것은 식물에 양질의 물과 공기, 빛을 공급하는 것과 같지 않을까.

SNS를 보며 생각한다. 격이 있는 언어와 문자를 쓰고 관계를 이어가려면 소양이 있어야 한다. 품격 있는 비유와 은유, 명확한 의사 표현 방법을 익힐 때 관계를 해치지 않고 돈독한 관계를 맺을 수 있다. 독서가 필요한 이유 중 하나다.

철학은 누구에게나 쉽지 않지만, 쉬운 교양 철학책을 대하면 그리 어려운 일이 아님을 알 수 있다. 《철학이 필요한 시간》, 《철학 읽는 힘》, 《철학은 어떻게 삶의 무기가 되는가》, 《분노하라》, 《다른 의견을 가질 권리》 등은 읽기에 부담이 없다. 《육조단경》을 읽어 '양변을 여의라' 를 이해하면, 한 걸음을 떨어져 볼 수 있다. 남을 탓하기 전에 나의 삶을 성찰하는 계기로 삼아 볼 수 있다.

일하는 과정이나 뉴스를 접하고 스트레스나 갈등이 생길 때 '오컴의 면도날(Occams Razor)' 을 떠올려본다. 같은 현상을 설명하는 두 개의 주장이 있다면, 간단한 설명 쪽을 선택하라는 말이다. 수많은 기사를 모두가 다 검토할 수 없다. 자신의 성향과 편향을 접어두고 찬성이나 반대를 택하기 전에 유보해보자. 무지개는 일곱 색깔이 어우러져 예쁜 것이고, 그러기가 쉽지 않아 드물게 본다. 회색도 색(色)이다. 색은 좋은 색과 나쁜 색으로 나뉘지 않는다.

진실과 강한 믿음은 다르다. 모든 상황을 이성적으로 판단하기 쉽지 않다. 인간은 이성적인 동물이라고 말하지만, 욕구, 감정, 충동, 습관으로 사고하고 판단하기도 한다. 이럴 때는 잠깐 '판단 중지(epoche)'를 할 수 있어야 한다. 편견으로 판단하지 말고, 현상 자체를 관찰하고 판단은 그 후에 해도 늦지 않다. 오히려 덜 혼란스럽고 스트레스를 줄일 수 있다. 복잡다단한 사회, 다른 의견이 부딪혀 소란한 세상을 살아가는 방법의 하나다.

# 역사와 지리는 리더의 필수 조건이다

이 세상을 담을 수 있을 만큼 포괄적인 단어가 있다면 무엇일까? '우주' 라거나 '인간의 마음' 이랄 수도 있다. '사랑' 이나 '행복' 을 떠올리는 사람도 있을 듯하다. 사람마다 다르게 가진 암묵적 지식으로 개념화할 수 있다. 어리석다 할 수도 있으나 해답으로 '시간과 공간' 을 상정한다.

시간은 시작도 끝도 알 수 없다. "태초에"로 시작하는 구약성서, "삶도 모르는데 어찌 죽음을 알겠는가"라는 공자의 대답을 떠올린다. 알 수 없는 시간에서 일부를 인식하려는 의미로 해석한다. 인간은 삶의 편리를 위해 시간과 계절을 정했고, 시계가 소지품이 된 것은 산업혁명 이후의 일이다. 공간은 눈으로 볼 수 있어 시간보다 가늠하기 쉬울지 모른다. 우주의 크기와 거리를 생각하면 공간이 시간보다 짧거나 좁지 않다.

인간은 미미한 존재로 티끌에 불과하다는 생각의 뿌리는 시간과 공간에 대한 이러한 인식에서 출발한다. 종교는 시간과 공간을 초월하는 초월자를 상정하고 인간을 미약한 존재로 설정한다.

시간과 공간에서 인식의 범위를 좁혀본다. 인간은 시간을 역사, 공간을 지리로 이름 지었다. 시간을 연구하면 역사학이고 공간을 연구하면 지리학이다. 제갈공명은 천문과 지리에 통달해 바람이 불어올 방향과 때를 예측했다. 알렉산더는 동방으로 원정을 떠나며 학자들을 대동해 공간을 정복하며 시간도 담아두려고 했다. 대항해 시대부터 제국주의 시대에 이르기까지 공간에 관한 관심은 커졌다. 인간의 순수한 호기심은 탐욕으로 바뀌었다.

콜럼버스와 그의 후예들은 아메리카에서 원주민의 목숨과 땅을 빼앗고, 금과 은을 약탈하며 고추와 옥수수를 가져갔다. 대신 그들에게는 성병, 천연두 같은 치명적인 질병을 가져다주었다. 불공정한 거래였다.

영국 청교도의 이주에서 출발한 미국은 20세기 중반부터 세계 최강대국이 되었다. 미국은 이미 2차 세계 대전 중에 2,000개의 해외 기지에 무려 3만 개에 달하는 군사 시설을 보유했다. 지리적 공간의 확대를 유럽인의 시각에서 나열한 것이 곧 서구의 역사다.

이제는 시간과 공간에 관한 관심이 지도자의 자질에서 보통 사람의 삶에 와 있다. 내비게이션을 이용해 공간을 이동하고, 해외여행이라도 가게 되면 구글맵을 통해 볼거리, 먹거리는 물론 대중교통의 배차 시간까지 알 수 있다. 유비쿼터스 세상에 살고 있다.

시간과 공간에 대한 이해 부족이 낳은 안타까운 일이 있다. 2018년 3월 외교부는 직제 개정안을 담은 영문 보도자료를 배포하며 에스토니아 · 라트비아 · 리투아니아 등 '발트(Baltic) 삼국' 을 '발칸(Balkan)' 으로 오기했다. 주한 라트비아 대사관의 항의를 받고 나서야 바로잡았다. 외교부 공식 트위터 계정에 '체코' 를 '체코슬로바키아' 로 잘못 쓰기도 했다. 지리에 무지한 전문가의 전문성이 보여 주는 한계였다.

신문 기사에 따르면, 볼턴 전 보좌관의 출간 전 원고인 《그것이 일어난 방》에서 트럼프 대통령은 핀란드가 러시아에 속해 있느냐고 물었다고 한다. 트럼프는 핀란드가 구소련의 침략에 맞서 독립을 유지하고 있는 사실을 몰랐다. 코로나19를 겪으며 미국 의료보험 체계의 불평등과 '땅이 넓어 문제없다' 는 공간 인식을 가진 미국의 취약함을 본다.

지리 지식이 이와 같다면 세계 경찰국가의 역할을 그만두기로

한 결심은 다행인지도 모른다. 그런데도 21세기 유라시아에서 미국은 인도-태평양 전략을 강화하고 있다. 중국의 일대일로를 견제하려는 뜻이다. 미국과 중국이 공간을 두고 다투는 범위와 파장은 더 커질 것이다. 우리에게 어느 편에 설 것인지 선택하라는 압박이 있을 수 있다.

'과거가 현재를 만들었고 현재가 미래를 만든다'는 흔한 문장은 우리가 있는 시간과 공간을 소홀히 하지 말라는 뜻이다. 교육 분야를 살펴보면, 서양의 많은 학교가 지리와 역사를 중요하게 여겨 커리큘럼을 구성한다. 지리와 역사는 개인의 삶과 국가 전략에 토대가 되기 때문이다.

우리는 지리와 역사를 너무 소홀하게 다룬다. 섬이 되어버린 한반도를 벗어나는 공간 인식이 절실하다. 길눈이 어두운 사람을 길잡이로 삼을 수 없다. 세계를 무대로 살아가야 할 지정학적 운명을 지닌 우리가 먼저 알아야 할 것이 무엇인가 보인다.

## 아는 것이 지혜에 이르는 출발점이다

우리는 인간과 자연의 존재를 인식하고, 인간관계를 맺고 자연과 조화를 이루려는 지혜를 얻으려 한다. 모두가 지혜로워지고 싶지만, 지혜로운 사람은 드물다. 어떻게 해야 지혜로울 수 있을까.

먼저 인간과 자연에 대해 알(知)아야 한다. 알면 보이고 그때 보이는 것은 전과 같지 않다. 알려면 배워야 한다. 배움은 두 가지 방향에서 일어난다. 하나는 가르치는 사람을 통해 배울 수 있다. 학교 교육과 평생교육은 먼저 알고 있는 사람을 통해 배움이 일어난다. 가르침이 없어도 배움이 가능하다. 외부에서 주어지는 것이 아니라 자발적으로 배울 수 있다. 외부에서 주어지면 교육이고, 스스로 배워 쌓으면 교양이다.

두 번째는 생각(思)해야 한다. 사유할 수 있어야 한다. 곰곰이 생각지 않으면 오류를 알 수 없다. 일이나 상황을 파악할 때 생각 없이 한다면 로봇과 다르지 않다.

《논어》 위정편은 "배우기만 하고 스스로 사색하지 않으면 학문이 체계가 없고, 사색만 하고 배우지 않으면 오류나 독단에 빠질 위험이 있다(學而不思則罔, 思而不學則殆)"고 한다.

세 번째는 식(識)이다. 명확히 안다는 것은 말할 수 있거나 글로 쓸 줄 아는 것이다. 학생이 교사의 질문에 답하지 못하거나, 부하가 상사의 질문에 답하지 못하면 명확히 안다고 할 수 없다. 기획안이나 보고서는 읽는 사람이 의문을 갖지 않도록 써야 한다. 보고 받는 사람을 설득할 수 있어야 비로소 안(識)다고 할 수 있다.

네 번째는 견(見)이다. 의견을 갖는다는 말이다. 어떤 사건이나 문제에 자신의 의견을 낼 수 있어야 지혜롭다고 할 수 있다. 《예루살렘의 아이히만》에서 아이히만은 "유대인을 대량 학살하는 것은 옳지 않다"는 의견을 내놓지 못했다. 권력의 잘못된 결정에 맞서 견(見)을 내놓는 것이 얼마나 중요한 일인지를 배운다.

지사식견(知思識見)을 거쳐 꼬인 실타래를 풀어야(解) 지혜다. 현실이 품고 있는 문제를 풀어 개선, 개혁에 도움을 줄 수 있을 때 지혜다. 인간과 자연, 사회를 이해하고 변화를 예상할 수 있거나 당면한 문제를 풀어야 한다. 푼다는 것은 문제를 해결하는 것이다. 문제를 해결하는 방법론을 제시할 수 있어야 한다. 제자백가나 고대 그리스의 사상가들은 그 시대를 고민하며 풀어내려고 무진 애썼다. 이때를 인간의 역사에서 축의 시대(B.C. 900~B.C. 200)로 부르는 까닭이다.

경제적 불평등이 커져만 가고 경쟁에 시달리다 번아웃을 겪기도 한다. 출산이라는 자연의 섭리를 주저하게 하는 생존 여건과 줄어드는 생산 연령층, 빠르게 늘어나는 노령 인구 등 우리의 문제를 의식하고 해답을 독서에서 찾아보자. 지혜를 구하는 일은 사회구성원 모두의 일이다. "모든 국민은 자신들의 수준에 맞는 정부를 갖는다"라는 알렉시스 토크빌의 통찰을 기억하자. 아는 것이 지혜에 이르는 출발점이다. 스스로 배워 쌓는 일은 정해진 때가 없다. 지금, 나부터 시작한다.

02

# 선인들의 삶에서 배우기

18년을 유배지에서 살았어도
저술에 몰두한 다산의 삶에서
진정한 학자의 본보기를 만난다.
다산의 삶은 그에게 닥쳐온 불행이
그 자체로 인생의 비극인 것이 아니라
그것을 어떻게 받아들이느냐에 따라 달라지는
문제임을 우리에게 보여 준다.
한 사람의 생이 얼마나 고귀하냐는 잣대로 보면,
다산 정약용의 삶이 조선조 어떤 왕의 삶보다
가볍다고 할 수 없다.

# 궁녀로운 조선시대

계급이 사라진 시대에 살며 계급의 삶을 재현하는 일은 쉽지 않다. 시대에 대한 전문 지식과 비판적 시각은 물론이고 인간에 대한 깊은 성찰과 공감적 이해가 있을 때 가능한 일이다. 뛰어난 작가라 할지라도 시대의 삶을 객체로 볼 수밖에 없는 한계가 있다.

조선 중종, 선조, 숙종, 영·정조 연간을 살았던 궁녀의 삶을 재구성한 책이 《궁녀로운 조선시대》다. 궁녀는 전문직이고, 궁궐의 핵심 노동력이며, 때로는 남성의 시각에서 신분 상승의 기회를 노릴 수 있는 처지였다. 페미니즘의 관점으로는 미사여구와 호사를 수없이 내놓아도 궁궐에 갇힌 삶을 살아야 했던 존재이고, 병이 나거나 죽을 때가 되면 쫓겨나야 하는 신분의 한계를 가졌다.

작가는 궁녀의 본분을 철저히 지킨 범주에 창빈 안씨와 인빈

김씨의 삶을 재구성하여 1부를 지었다. 왕이 진정으로 사랑했다고 판단하는 희빈 장씨 장옥정과 의빈 성씨 성덕임 이야기는 3부와 대척점에 선 궁녀의 이야기다. 숙빈 최씨와 영빈 이씨는 왕으로부터 정치에 이용당한 것으로 그린다. 4부는 난설헌이나 사임당 말고도 조선시대에 뛰어난 학식을 지닌 조두대와 김개시의 삶을 재현해두었다.

《궁녀로운 조선시대》는 궁녀라는 계층의 삶이 여러 차원의 의미를 지닌 존재였음을 밝히는 해체적 읽기를 시도했다. 프롤로그에서 밝힌 바와 같이 TV 드라마는 시청자의 상상력을 제한하거나 왜곡한다. 왕은 절대 권력자라는 걸 강요한다. 부르디외를 빌리면 상징적 폭력이다. 이에 작가는 남성의 시각을 넘어 페미니스트의 관점에서 궁녀를 바라본 것으로 생각한다. 궁녀는 왕의 여자라는 이미지를 깨고 하나하나의 내거티브에 빠져들어 본다. 작가는 더 많은 독자가 같은 경험을 해볼 기회를 선사한다. 궁녀의 삶은 궁녀에게 만족스러웠을까?

책을 읽기 시작하며 등장하는 수많은 김씨, 박씨, ○씨, ○씨, ○씨로 인해 가브리엘 가르시아 마르케스의 《백년의 고독》이 떠오른다.

# 책벌레들 조선을 만들다

진나라 통일 9년째인 기원전 213년, 승상 이사가 진시황에게 '진나라에 관한 기록이 아니라면, 의약 · 점복 · 농업 등에 관한 실용서와 법령을 제외하고 시경과 서경, 제자백가를 비롯하여 모든 기록을 불태워 없애자' 고 건의했다. 진시황은 이사의 건의를 받아들여 시행한다. 분서갱유다.

6세기, 교황 그레고리 1세는 지식이 신앙에 복종해야 한다는 이유로 로마 도서관을 불태울 것을 명령했다. 7세기, 알렉산드리아 도서관이 640년 정복자 이븐 알 아스에 의해 파괴되는데, 도서관의 책들은 인근 공중목욕탕에 나눠주어 불쏘시개로 쓰게 했다. 아리스토텔레스의 저작을 제외하고 불타는 두루마리는 알렉산드리아 목욕탕 물을 여섯 달 동안 덥혔다고 한다. 그러나 기독교인들이 불태웠다는 설도 있고, 카이사르가 실수로 알렉산드리아 도서관을 불태웠다는 기록도 있다.

조선 말기 매천 황현의 기술에 따르면, 고구려의 사서를 당나라군이 불태웠다. 20세기 한국에서 제5공화국을 시작한 전두환은 1980년 언론 통폐합을 시행하고 모든 언론 보도를 검열했다.

이런 일련의 역사적 사실에 비춰보면 책과 권력은 상관관계가 높다고 추론할 수 있다. 《책벌레들 조선을 만들다》는 책이 조선 왕조 500년을 어떻게 관통했는가를 탐구한다. 첫째로 저자의 문제의식은 무엇인가, 둘째로 인쇄와 관련한 역사적 사실, 셋째로 책이 성리학으로 지배하는 사회를 만든 도구로 사용된 사실, 넷째로 책이 드러낸 성과들, 다섯째로 조선 지식인들이 독서를 어떻게 생각했는지, 여섯째로 조선이 품지 못한 아쉬운 것들을 살펴본다.

**첫째,** 저자 강명관의 문제의식은 금속활자로 만들어낸 책이 어떤 역사적 역할을 했는가를 진지하게 고려한 적이 없다는 데서 출발한다. 고려와 조선이 어떤 책을 찍었는지, 어떤 사람들이 어떤 의도에서 책을 만들고, 보급하고 소유했는가 하는 당연한 질문에 관한 탐구다.

**둘째,** 인쇄와 관련한 역사적 사실이다. 목판 인쇄는 단 1종의 인쇄물만 얻지만, 금속활자는 대량 인쇄가 가능하다. 조선에서 금속활자는 소량 인쇄에 이용하였다. 1400년, 태종이 주자소를 설치하고 금속활자를 제작하였다. 태종은 계미자로, 세종은 갑인자로 서적을 인쇄하도록 했다. 정조는 호학의 군주였지만, 문체반정으로 사상을 통제했다. 그 바람에 박지원의 《열하일기》는 당대에 빛을 보지 못했다.

**셋째,** 책이 성리학으로 지배하는 사회를 만드는 도구로 사용되었다. 사림의 영수 조광조는 성리학의 윤리로 조선을 개조하려 하였다. 모든 윤리 서적은 《소학》에 근원을 두었다. 정쟁에 희생된 사림이 임진왜란 이후 정계에 복귀하면서 《소학》도 부활한다. 그렇다고 도덕적 사회가 된 것은 아니다. 당쟁이 시작됐다. 그들 역시 과거 부패한 정권과 다르지 않았다.

**넷째,** 책이 드러낸 성과로 퇴계는 성리학의 이해를 위해 100권의 《주자대전》을 탐독하고, 48권에 이르는 주자의 편지를 훑어가며 주자 당시의 송나라 지식인과 역사를 정밀하게 탐구했다. 이를 바탕으로 간행된 《주자서절요》는 주자학으로 들어가는 가장 보편적인 문이 되었다. 이후 봇물 터지듯 제자들에 의해 관련 서적이 쏟아졌고, 21세기 퇴계학이 학문으로 남았다.

또 이수광의 《지봉유설》, 이익의 《성호사설》, 서유구의 《임원경제지》 같은 방대한 저작이 편찬되었는데, 《성호사설》은 정약용, 홍대용, 박지원, 박제가, 정인보 등 사회를 고민했던 양심적 학문의 계보를 만든다.

**다섯째,** 조선 지식인들이 독서를 어떻게 생각했는지는 율곡

이이의 독서 예찬에서 엿볼 수 있다. 《자경문》에 "독서란 옳고 그름을 분별하여 일을 행하는데 실천하는 것이다. 만일 살피지 않고 오뚝 앉아 독서만 한다면 무용한 학문이 된다"고 정의한다. 일하지 않으면 책을 읽고 사색하는 것이 율곡의 일과였다. 율곡에게 독서는 인간 행위의 윤리성을 판단하는 준거였다.

**여섯째,** 아쉬운 것은 임진왜란이나 병자호란 같은 잦은 전란으로 방대한 문서가 소실되었다는 점이다. 《미암일기》는 조선 전기 사람들의 생활사 복구 자료로 중요하다. 미암 유희춘은 조선의 대표적인 장서가로 갖은 수단을 통해 3,500책이 넘는 장서를 소장했지만, 그의 축적물은 세월과 전란으로 흔적도 없게 되었다.

《지봉유설》과 《성호사설》에 대한 평가에서 오늘날 독서가들이 가야 할 길을 본다. 《이탁오 평전》을 읽은 것이 조선 후기 문화를 이해하는 데 큰 도움이 되었다. 넓게 읽어야 겹치는 부분이 생기는 거다. "교과서는 인간의 지식을 제한하는 감옥"이라는 저자의 격한 표현은 교과서는 지식 일부이니 평생 공부하여야 하는 것으로 바꾸어 수용한다. 신채호가 남과 북에서 인정받듯이 어떤 이데올로기든 일제 강점기에 독립을 위해 힘쓴 사람들은 높게 평가하고, 일본에 빌붙어 호가호위한 이들도 그에 맞는 평가를 해야만 한 단계 도약이 쉬울 것이다.

앞에서 언급한 '책과 권력의 상관관계'는 21세기에 어울리기도 하고 빗나가 있기도 하다. 아직도 펜의 힘이 칼보다 강하다고 믿는 사람들이 있고, 카카오가 브런치 스토리 플랫폼을 깔아준 것은 추론의 근거가 될 수 있다. 힘 빠진 신문과 텔레비전, 인터넷 기반의 유튜브가 책의 자리를 빼앗아 가고 있으니 추론이 빗나간 것으로 판단할 수 있다.

# 유라시아 견문

19세기 본격화된 제국주의 침탈의 시대가 화산이 분출하듯 제1차 세계대전으로 폭발했다가 꺼져버렸다.

슈펭글러는 《서구의 몰락》에서 유럽의 힘은 대서양을 건넜고, 태평양도 건널 것이라고 했다. 서세동점에 무릎을 꿇고 식민지를 경험한 아시아 여러 지역은 20세기 독립 이후와 다른 21세기를 만들어 갈 수 있을까?

《유라시아 견문 3》(전3권) 저자의 관점은 서유럽과 미국 중심의 서구 세계가 동양 세계를 침탈한 20세기는 비정상이라고 본다. 21세기는 중국과 러시아, 아랍, 유럽이 유라시아 세계를 형성해 가는 것이 정상이라고 본다. 구대륙 문명의 주요 요소인 유학, 힌두, 이슬람, 그리스정교회 세력이 커진다고 알린다. 이를 비정상의 정상화라는 관점에서 관찰한다.

책에서 서술된 서구는 서양 일부분인 유럽 기독교 국가로 제한하고, 대항해 시대의 신대륙 발견은 이베리아의 확산, 중세의 확대라 본다.

서구의 팽창은 내재적 발전이 아니라 동서 문물 교류, 융복합과 통섭이 낳은 결과로 볼 수도 있다. 이는 황태연이 쓴《패치워크의 문명이론》과 같은 해석으로 공감한다. 서구는 17~18세기에 기독교 없이도 문명국가가 가능하다는 것을 목격했다. 근거로 사서삼경을 알게 된 라이프니츠, 칸트, 헤겔 등 계몽철학자의 사상은 중국의 사상을 담거나 변용하고 있다.

예로, 칸트가 선악과 흑백 논리에서 벗어나 진리를 따지는 발상의 전환은《중용》을 수용한 것으로 판단한다.《대학》이 처음 번역된 것은 1592년이다. 쿠플레의《중국의 철학자, 공자》는 17, 18세기 유럽 지식인의 필독서였다. 특히《맹자》는 혁명을 설파한 불온서적이었고, 주권재민을 설파하고, 성선설로 원죄론의 속박에서 벗어나게 하고, 인의예지의 존중으로 인권과 민권에 눈을 뜨게 한다.

비정상의 정상화라는 관점에서 우선 비정상으로 판단한 사례를 본다. 가령, 서구 문명을 그리스에서 시작된 것으로 보는 것은 19세기에 발명한 전통이다. 미국 소프트파워의 힘을 이용했다. 서구의 기원으로 그리스가 학문적으로 정립되고 '그리스 민주주의'라는 20세기 신화가 널리 퍼져나갔다. 문화 냉전의 소산이자 발명된 전통이다.

정상화하려는 시도와 사례를 통해 미래를 전망한다. 가령, 이란 혁명은 이슬람에 바탕을 둔 현대적인 공화정이 가능하다는 모델로 전 지구의 이슬람 공동체(움마)에 대안을 제시한 것으로 평가한다. 이는 미셸 푸코가 이란 혁명을 지켜보고 내린 평가다. 또 미국이 소련을 침공해 체제를 전환시킨 게 아니라 지레 무너진 것은 자연스럽지 못한 인공적인 유토피아였기 때문이다.

비정상이 정상화되는 과정이 만족스럽지 않다. 공산당 간부들과 그 체제에 부역했던 이들이 민주화 이후 신흥 지배층으로 이행한 것은 동유럽의 일반적인 현상이었다. 해방 후 한국의 정국과 유사하다. 체제는 변했으되 지배층은 변하지 않았다고 보고 있다.

만사를 토론하는 것은 비효율적일 수 있다. 동등하게 토론할 실력과 토의할 만큼 공부가 되어 있지 않으면 중구난방과 횡설수설이 오가다 오리무중으로 빠져 허무하게 끝날 수 있다. 이런 저자의 생각은 독단적인 사고라 평가하지 않고 관찰과 체험에서 나오는 자신감으로 보인다.

《유라시안 견문》은 장쾌하다. 저자의 호연지기가 독자 가슴에 불을 댕기고 바람을 넣는다. 시야를 한반도란 고립된 섬에서 밖으로 돌리려는 사람이라면 읽어야 한다. 글과 사진은 고전이 주지 못하는 생기를 담고 있다. 유라시아 대륙을 조망하는 규모만 큰 게 아니다. 유라시아의 역사, 정치, 경제, 문화, 미래까지 꿰어본다. 저자의 제안은 배우는 사람에게 깊은 울림으로 남을 듯하다. 더불어, 미국은 세계의 경찰 역할을 지속할 수 있을지, 중국의 굴기는 어느 수준까지 가능할 것인지 예측해보자.

# 나무의 말이 좋아서

산은 숲이다.

책을 읽는 사람에게 카프카의 "얼음을 깨는 도끼"는 이미 클리셰다. 책이란 독자가 배울 것이 있어야 한다는 생각으로 책을 고르고 글을 쓴다. 에세이는 대개 살아가는 이야기라서 배울 것이 없다고 여긴다.

책을 고를 때 에세이는 순위에 없거나 슈퍼 베스트셀러가 아니면 사지 않는다. 이런 생각이 편협할 수 있다는 책을 읽는다. 김준태의 《나무의 말이 좋아서》를 읽고 든 생각이다.

"사랑하면 알게 되고, 알면 보이나니, 그때 보이는 것은 전과 같지 않으리라."

조선의 문장가 유한준(1732~1811)의 말이다. 나무를 사랑하고 숲을 사랑하는 사람, 저자는 이 문장을 실천에 옮긴다.

우리는 '산에 간다'고 말한다. 나무를 보러 가던, 꽃과 숲을 보러 가던 '산에 간다'고 한다. 어떤 사람은 운동 삼아 간다. 호연지기를 기를 수 있으리란 기대로 가기도 한다. 모두 산에 오른다고 한다. 그래서 등산이다.

독자는 지형학을 배운 탓에 산을 조산운동이나 침식작용으로 보다 보니 형성 원인을 파악하고 높이가 얼마인가, 몇 시간이면 오르고 내려오는가로 산을 이해한다. 보통사람은 경치가 좋다거나 나쁘다는 것으로 산을 판단한다. 저자는 산을 말하며 '산'이란 단어를 쓰지 않는다. 숲으로 본다. 산을 고도의 차이로 보는 사람과 숲으로 보는 사람이 있음을 배운다. 이 책은 산을 숲으로 볼 수 있는 안목을 가진 저자가 쓴 글이다. 독서가 다양한 관점을 갖게 해야 한다고 할 때, 《나무의 말이 좋아서》는 그 몫을 단단히 해낸다. 그러니 흔한 에세이가 아니다.

식물학에 대한 깊은 이해가 없다면 나올 수 없는 책이다. 식물에 대해 안다고 해서 쓴 전문 서적도 아니다. 한두 해 삶을 담아서 쓸 수 있는 책도 아니다. 식물학에 대한 지식이 15년 이상이라는 시간 쌓음 속에서 저자의 삶에 버무려져 있다. 베이비부머로 살아온 과정의 경험치를 숲과 연결하고 문학에도 연결한다. 생각은 언제나 안으로 나를 향하고, 밖으로는 교육과 미래라는 목표에 맞닿아 있다. 게다가 질소와 광합성, 꽃과 나무 이름, 뿌리의 역할, 수피 분류 등 전문 지식을 쉽게 풀어 독자가 어렵다 고 느낄 수 없다.

사계로 구성한 장을 따라가본다. 에세이를 카프카의 관점으로 이해하는 버릇을 버리지 못하고 따라가다가 저자에게 혼날지도 모른다는 생각을 한다. 혼이 나더라도 쉽게 버릴 수 없는 습성이다.

사람이 예뻐 보이고 내 마음이 넓어지고 풍경이 아름답게 보이면, 봄이 가져다준 선물이란 생각에 공감한다. 겨울과 봄이 함께할 때 생강나무에서 봄을 만날 수 있다고 한다.

잎보다 꽃을 먼저 피우는 자연에서 생명의 섭리, 존재 이유를 배운다. 벚꽃과 목련, 동백의 마지막을 묘사한 부분은 김훈의 에세이를 보는 듯하다. 검불 사이의 꽃, 키 작은 나무, 키 큰 나무의 순으로 잎눈을 연다는 걸 모르고 살았다. 꽃은 그리스인 조르바가 말한 '아물지 않는 상처' 다. 입 밖으로 내기 어려운 단어가 가장 아름답다. 유성생식과 무성생식에서 '합스부르크 립'을 이어주고 타감 작용에서 계급적 멍에를 연결한다. 역사에 대한 이해와 생활 철학이 있기에 가능한 글이다. 다람쥐와 청설모의 공존을 배우면 여름으로 간다.

참숯의 과학을 배우고, 측백나무와 가로등의 전쟁에서 혁혁한 전공을 거둔 저자가 자랑스럽다. 독자에게 올여름을 도토리나무, 상수리나무, 졸참나무를 구분하지 못한 마지막 해로 만들게 한다. 팽나무의 수관에서 어디서 태어나 누구와 사느냐를 숙명과 연결한다. 덩굴식물, 칡에서 성장과 갈등만이 아니라 멈추기, 나를 바라보기를 배워야 타산지석이다. 숲에서 자신을 만났으니 가을로 간다.

밟히는 도토리 몇 알을 주워 숲속으로 던지는 일은 사소한 일일 수 없다. 알지 못하면 할 수 없다. 전혀 다른 세상을 사는 철학이 있어야 가능한 일이다. 독자가 동참하길 저자가 바라지 않을까. 열매에서 칼릴 지브란의 《예언자》 메시지를 골라 부모 수업받지 않아 그렇다는 핑계를 대지는 말라고 경고한다. 행복을 미끼로 경쟁을 부추기는 어리석음에서 벗어나야 한다. 이제, 겨울이다.

뿌리와 곰팡이의 공존을 배우니 숲에서 뿌리를 피해 걸어야 하겠다. 저자는 나를 객체로, 대상으로 보려 시도하는 관점을 갖고 있다. 외부와의 접촉을 일시 끊어내고 나의 내부를 들여다보아야 번 아웃이니 우울을 떨칠 수 있다고 보는 독자의 시각과 연결해본다. 배려는 선택이 아니고 공존의 원칙이다. 올겨울 숲에서 하늘을 배경으로 겨울나무를 올려다보리라.

봄, 여름, 가을의 꽃, 나무, 숲 사진 수십 장. 열매와 수피 사진 수십 장과 상고대 사진의 아름다움을 따로 적지 않는다. 사진 배치와 설명은 둘 곳과 뺄 곳을 알맞게 정해두고 있다.

사람들이 이 책으로 숲길과 친해지기를 바라는 저자의 마음을 응원한다. 아이들을 가르치는 사람에게 보탬이 되기를 기대하는 저자의 마음도 응원한다.

숲길에서 저자를 만나고 싶다.

# 조선의 밥상머리 교육

2023년 여름 여러 선생님이 스스로 먼 나라로 떠났다. 아니다. 이 문장은 떠난 선생님과 남은 이를 남남으로 보거나 인간에 대한 최소한의 존중마저도 내팽개친 표현이다. 2023년 여름, 우리는 절벽에 매달린 선생님들의 손을 놓아버렸다.

악성 민원을 반복하는 학부모가 생겨나고, 선생님을 대하는 학생들의 태도는 선생님의 사명감을 떨어뜨린다. 우리의 과거 문화와 단절된 서양식 교육 방식과 고학력 사회가 예상하지 못한 문제다. 조선의 가정 교육은 서양 문화와 교육 방식에 밀려나 흔적조차 없고, 학부모의 학력 인플레이션은 교사의 전문성을 하찮은 것으로 인식하거나 무시하는 경향을 만들었다. 학부모의 인식 문제는 일반화하기 어려우니, 현재의 교육을 치유할 방안을 과거와의 단절에 제한을 두고 해결 방안을 생각한다.

"자식은 부모의 등을 보고 배운다."

조선 시대 종가의 교육 철학이다. 지식의 습득보다 예절 있고 품위 있는 사람으로 키우는 인성 공부를 중요하게 여긴다. 이는 선비 정신과 맞닿아 있다. 선비의 가치관은 물질이 아니라 정신에 있다. 우리의 현실은 아동 학대, 학교 폭력, 교사 폭행, 여성 혐오, 악성 민원, 자살, 갑질이 드물지 않다. 우리 교육의 서구화로 과거에서 이어오던 정신적 가치가 흐려진 탓이다. 공부의 목적을 '사람다운 사람이 되기 위해서'로 보아야 한다. 이런 관점에서 《조선의 밥상머리 교육》은 조선 시대 아이들은 무엇을 배웠나에 주목하고 연구한 결과를 담았다. 고리타분한 이야기 하지 말라며 눈을 감거나 귀를 닫지 말고, 들어보자.

조선의 교육 철학은 사람다운 사람을 만드는 것이다. 공부는 자기가 목적이 되고 대상이 되어야 한다. 자신의 부족한 부분을 채우는 것이어야 한다. 교육이란 우리 안에 존재하는 선함을 끌어내는 것이다. 《논어》 〈양화〉편은 인간의 본성은 서로 비슷하지만, 후천적인 습관이나 외부 환경, 노력 정도에 따라 서로 달라진다고 말한다. 이런 사고가 성선설로 체계화되고 인의예지라는 마음의 요소를 기르도록 돕는 것이 교육이다.

"하늘과 땅 사이의 만물 중에서 오직 사람만이 가장 귀한데, 그 이유는 오륜이 있기 때문이다."

《동몽선습》의 이 문장은 현대적 변용이 필요하지 무가치하지는 않다. 더욱이 미래는 남을 이기는 것이 경쟁력이 아니라 더불어 살아가는 능력이 경쟁력이라고 한다.

전통 교육은 먼저 사람 공부를 하고 나서 글 공부를 하라고 가르쳤다.

우리의 교육은 해방 이후 서양에서 계발된 교육 이론을 적극적으로 받아들이고 의존해왔다. 가르치는 사람과 배우는 사람 간 소통(교학상장)이 사라진 채 주입식, 따라가기 교육이 공교육의 전부가 되었다. "학문이란 먼저 널리 배우며, 자세히 따져 묻고 신중하게 생각하며 명확하게 분별하며 독실하게 실천하는 것"이라는 《중용》의 기준은 성찰을 강조한다.

전통 사회에서는 어렸을 때 무엇을 읽고 배웠을까? 전통 교육에서는 지식보다는 생활 습관과 예절을 먼저 가르쳤다. 아래로부터 배워 위로 통달하는 교육(下學而上達)이다. 사람 공부를 게을리하고 지식 공부만 해서는 결국 성공할 수 없다고 가르쳤다. 어릴 때 가르쳐야 한다. 선인성 후지식(先人性後知識) 교육이 공자가 중시한 교육 철학이다. 아이의 나이에 따라 예절 교육의 내용이 달랐다.

《예기》 〈내칙〉편은 아기가 밥을 먹을 수 있게 되면서부터 열 세 살에 이를 때까지 나이별 가르치는 내용이 달랐다. 여덟 살부터 형식 교육을 했다. 《소학》 〈입교〉편도 같은 내용이다.

박세무의 《동몽선습》은 우리나라 최초의 아동 교과서로, 인간 관계에서 '정' 과 '예의' 가 사라져버린 오늘날 아이들에게 인성을 길러줄 교재라고 평가한다. 율곡은 아동 교육의 핵심을 기본 생활 습관 교육으로 보았다.

《격몽요결》은 1577년 율곡이 삶의 목표를 세우는 법과 실천을 가르친 교육서다. 이덕무가 1775년에 지은 《사소절》은 품격 있는 사람으로 길러주는 인성교육서다. 이덕무는 사람의 도리와 예절을 가르치는 방법으로 시와 노래를 강조했다. 이는 오늘날 교육이 흥미 유발을 강조하는 것과 같다.

《사자소학》은 조선의 아이들에게 체계적인 인성 갖추기를 가르친 책이다. 스마트폰을 끼고 사는 아이들에게 사람이 살아가는 데 꼭 필요한 상대는 기계가 아닌 '사람' 이라는 사실을 인식시키는 교육이어야 한다. 어려서부터 타인과의 관계를 위한 훈련이 뒷받침돼야 한다. 조선 시대에는 예절, 효도, 정직, 책임, 존중, 배려, 소통, 협동이란 8대 덕목을 체계적으로 가르쳤다.

예절이란 몸가짐과 마음가짐을 올바로 하는 것이다. 무리를 지어 사는 사람들이 약속해놓은 생활 방식, 살아가면서 지켜야 할 도리가 예절이다.

모든 교육은 효도로부터 가르쳐야 한다. 생활 속에서 부모, 어른의 말에 '응하고 대답하기', '경청의 예절' 을 지키는 것이다.

바른 마음가짐은 정직에서 나온다. 화가 날 때는 반드시 뒤에 어려워질 것을 생각한다. 정직은 삶에서 매우 중요한 가치다.

책임을 질 수 있도록 하려면 선한 영향력을 주고받도록 좋은 환경을 선택해야 한다.

원만한 인간관계는 상대의 존중에서 비롯된다. 지식 교육만 받다 보니 인간관계가 어려워진다. 상대를 존중하고 자신이 존중받는 법을 안다면 삶의 많은 부분이 달라질 것이다. 내 마음을 비쳐 타인을 살피는 것이 배려다. "자기가 싫어하는 바를 남에게 시키지 말라(己所不欲勿施於人)"는 것이다. 인간관계에서 성공은 소통에 달렸다. 배려와 존중을 알고 실천해야 한다.

마음과 힘을 보태주는 것이 협동이다.

누군가는 "조선에서 뭐 배울 게 있냐"고 말할 수 있다. 대한제국부터 일제강점기, 해방과 미국식 민주주의의 도입과 독재를 거치며 우리의 전통 교육은 철저하게 무시되고 무가치한 것으로 판단해버렸다. 과거로부터 좋은 것과 나쁜 것을 제대로 구분하는 기회도 얻지 못하고 외래의 기준과 현재의 기준으로 판단해버렸다. 오늘날 세대의 단절이 학교 교육과 사회 질서에 끼친

무질서와 부작용을 생각할 때 전통 교육의 장점을 이어 가려는 노력은 가치를 가진다.

《조선의 밥상머리 교육》은 우리가 무가치하다고 버린 것 중에서 되살려야 할 전통 교육의 모습을 찾아보자고 한다.

2023년 여름을 잊지 않고, 반복되지 않기를 바라는 마음으로 뒤돌아볼 때다.

# 본성과 양육

20세기 내내 사람들은 '인간의 행동은 유전에 따라 결정되는가, 환경에 의해 결정되는가'를 두고 논쟁을 벌여왔다. 그 100여 년의 논쟁사를 다룬 서사가 영국의 과학 기자 매트 리들리가 쓴 《본성과 양육》이다.

본성이란 단어에서 제자백가의 성선설과 성악설부터 프로이트의 욕망, 리비도를 떠올린다. 교육학을 배울 때 파블로프의 개 실험에 의미를 부여하지 않은 일을 기억한다. 학생들을 가르칠 때, 문제가 있는 학생을 대하며 가정 사정, 성격, 친구 관계 등 될 수 있는 대로 여러 상황을 종합해서 판단하려 했다. 때로는 가장 큰 영향을 미쳤을 것으로 보는 원인을 찾기도 했다. 교육자라면 본성을 극복하고 양육하는 데 힘써야 한다고 여기는 것이 일반적인 판단이다. 환경의 중요성에 비중을 두고 환경을 바꿔보려 시도한다.

공산주의와 나치즘이란 독재 체제는 본성 대 양육 논쟁에서 가장 극단적인 사례다. 공산주의의 사회개조론은 양육을, 나치즘의 생물학적 결정론은 본성을 옹호하는 이데올로기로 적용되었다. 오래전부터 있었던 양육의 중요성은 연구 결과가 쌓이며 중요성이 더해간다. 양육(환경)이 인간 행동을 지배한다고 여기는 학자들이 더 늘어난다.

존 로크는 '타고난 능력이란 없으며 인간은 경험을 통해 무엇이든 될 수 있다'고 믿는다. 빈 서판 같은 인간 마음에 경험을 채우는 것이다. 본성을 부정하고 양육을 옹호하는 개념이다. 장 피아제는 아동 정신의 본질이 자기 중심성(自己中心性)에 있다고 주장하고 아동의 인지 발달 이론을 만들었다.

본성(유전)이 인간 행동을 지배한다고 여기는 연구와 주장도 부정할 수 없다. 우생학의 뿌리가 플라톤에 있는 것인가? 플라톤은 《공화국》에서 뛰어난 남녀를 부부로 만들고 열등한 자들끼리의 결혼을 막아야 한다고 주장한다. 본성을 강조한 것이다. 루소와 칸트도 인간은 본성을 타고났다고 하고, 다윈은 《종의 기원》을 통해 인간 본성의 보편성을 주장한다.

20세기 미국에서 우생학이 인기를 얻어 사회악에 대한 특효약으로 지배 기득권층을 사로잡았다. 미국의 우생학이 독일로 건너가 나치 정권의 이데올로기가 된다. 제2차 세계대전 이후 우생학의 인기는 시들해지고 1972년 미국 우생학회는 사회생물학회로 명칭을 변경한다.

《본성과 양육》의 저자 매트 리들리는 본성과 양육은 대립하는 것이 아니라, 유전자는 양육에 의존하고 양육은 유전자에 의존한다고 주장한다. 유전자는 행동의 원인이자 결과라는 것이다.

자유 의지를 믿으니 객체가 되지 말고 주체가 되기를 소망한다. 본성과 양육을 주장하는 각 개념의 진실은 서로의 오류를 입증하지 않는다. 높은 상관성이 인과 관계를 성립시키는 것은 아니다.

《본성과 양육》은 수많은 이론과 연구 사례를 담았다. 생물학, 우생학, 화학, 사회학, 교육학, 사회생물학, 진화심리학 등 학제간 연구 결과를 토대로 저자는 '양육을 통한 본성' 이란 결론을 내린다. 아이의 미래 결정은 유전자와 부모의 책임에 달렸다는 우리 문화의 가장 견고한 믿음에 의문을 던지는, 주디스 리치 래리스의 《양육가설》을 만나야 한다.

# 다산의 마지막 습관

독서, 책을 읽어 얻은 이로움은 크고도 많다. 다시 확인하거니와 좋은 책을 읽으니 흩어진 마음을 붙잡을 수 있다. '희노애락애오욕' 중에서 노(怒)가 억누르기 어렵다. 여러 사람과 관계를 맺으며 살아가니 세상사를 보는 관점이 다를 수 있음에도 자기의 관점으로만 판단하기가 쉽다. 특히 타인이 나를 부정하거나 모욕을 줄 때는 노를 통제하기 어렵다. 성인마저도 그렇다고 고백한다. 나의 분노함은 나를 가장 부끄럽게 하는 결과를 낳는다. 이럴 때 좋은 책은 흩어진 마음을 다시 추스르고 성찰할 기회를 가지라 한다. 《다산의 마지막 습관》이 그렇다.

정민의 《다산 선생 지식 경영법》에서 학문하는 방법론을 배우고 유용하게 활용한 추억이 있다. 조윤제의 《다산의 마지막 공부》는 마음 다스림의 중요성을 제시하고 있어, 근원이 되는 《심경》과 《근사록》을 찾아 읽어 삶에 대해 생각한다.

《근사록》의 교육 부분은 현대 교육심리학, 교육 철학과 견주며 배운 점이 많다.

18년 세월을 유배지에서 살아가며 저술에 몰두한 다산의 삶은 진정한 학자의 본보기다. 다산의 삶은 그에게 닥쳐온 불행이 그 자체로 인생의 비극인 것이 아니라 그것을 어떻게 받아들이느냐에 따라 달라지는 문제임을 우리에게 보여준다. 한 사람의 생이 얼마나 고귀하느냐는 잣대로 보면, 다산의 삶이 정조의 삶보다 가볍다고 할 수 없다.

언급한 책들과 마찬가지로 《다산의 마지막 습관》은 공자, 맹자, 주자 등의 언행을 토대로 기본에 충실하라 말한다.

노(怒)를 통제하지 못한 탓에 "신중하라, 한겨울에 내를 건너듯이. 두려워하라, 사방에서 에워싸인 듯이"(與兮若冬涉川 猶兮若畏四隣)를 심장에 담아두려 한다.

"굳이 베풀지 않아도 되는 사람에게 은혜를 베푼다면, 차라리 베풀지 않음만 못할 수도 있다. 베풂에 진정성이 없기 때문이다. 진정으로 도움을 주겠다는 마음이 아니라, 나 자신의 만족을 위한 것인지도 모른다"는 문장은 나에게 반성하라 한다.

보고 듣는 것은 외부의 자극과 영향을 받아들이는 것이고, 말하고 행동하는 것은 외부에 나 자신을 드러내는 것이다. 네 가지를 모두 예에 맞게 하라 한다. 보고 듣는 것은 내가 통제하기가 말하고 행동하기보다 어렵다. 그렇다고 말하고 행동을 예에 맞게 하는 것이 쉬운 일도 아니다. 우선은 말과 행동을 삼가는 일이 중요하다. 날마다 긍정하는 말, 칭찬하는 말, 북돋는 말, 격려하는 말을 해야 한다. 매일 그렇게 하여 습(習)이 되게 해야 한다. 총알이 신체를 상하게 하듯이 말은 상대의 영혼을 상하게 할 수 있다.

"흰 구슬의 흠집은 갈아서 고치면 되지만 말의 잘못은 어찌할 수 없다. 가볍게 말하지 말고 함부로 지껄이면 안 된다. 누구도 혀를 붙잡지 못하니 해버린 말은 쫓아가 잡을 수 없다."

# 경제 규칙 다시 쓰기

개인이 먹고사는 일과 나라가 부유해지는 문제는 동서고금을 막론하고 중요하다. 《관자》에서 보는 사회복지, 《화식열전》이 자본주의의 맹아였다는 중국의 주장도 먹고사는 문제와 국부에 관련된다. '유럽의 공자' 격인 프랑수아 케네(〈경제표〉에서 '경제학' 용어를 만듦)가 중국을 모델로 스위스를 최빈국에서 지상낙원으로 만든 것을 근대 경제학을 창시했다고 평가하는 사람도 있다.

일반적으로 애덤 스미스의 《국부론》을 자본주의의 출발로 보는 관점이 케인스의 수요 중심 경제를 거쳐, 1970년대 이후 공급경제학으로 방향을 바꾸고, 미국이 신자유주의를 밀어붙이는 21세기가 되었다. 경제적 불평등이 사회적 불평등을 낳는 상황을 개선하는 일이 중요하다고 공감한다.

프리드리히 하이에크는 《노예의 길》에서 계획 경제의 종말을 예견하고, 밀턴 프리드먼은 《자본주의와 자유》에서 극단적 자본주의를 말하고, 앤서니 기든스는 자본주의의 방향으로 《제3의 길》을 주장한다. 헤겔의 정반합이 경제사에서도 무관하지 않다. 노벨 경제학상을 탄 수많은 경제학자의 이야기를 들어 경제학사의 맥락과 얼개를 잡는다.

경제 불평등 문제를 어떻게 해결할 것이냐는 문제의식에서 출발해, 21세기 경제 정책을 어떤 방향으로 펼칠 것인가를 고민한다. 조지프 스티글리츠의 역작이 《경제 규칙 다시 쓰기》다. 2차 세계대전 이후 중산층 사회를 일군 기회의 나라, 미국은 20세기 말부터 불평등이 급속도로 심화하였다. 미국의 경제 상황이 이 책의 출간 배경이다.

조지프 스티글리츠의 주장은 단순하다. 부유한 사람만이 아니라 모든 사람에게 더 이롭게 작동하도록 경제의 규칙을 다시 쓸 수 있다는 것이다. 여기서 '규칙' 이란 경제가 작동하는 구조를 결정하는 모든 정부 규제와 법의 체계 그리고 사회 규범을 포괄한다. 지금까지 알고 있다고 생각한 경제가 틀렸으니 몇 가지 경제 정책의 변화로는 어렵단다.

오늘날, 케인스주의 경제학과 대척점에 있는 '공급 측면 경제학' 은 규제 완화, 최고 소득자에 대한 세율 인하, 정부의 사회복지와 공공 투자 삭감을 초래했다. 이런 경제 방향이 기대했던

'낙수 효과(trickle down)' 는 없고 경제적 불평등만 커졌다는 관점이다. 나아가 경제 성장과 공동 번영, 이 둘 중의 하나를 선택해야 한다는 생각이 틀렸다는 거다. 불평등의 문제가 '재분배'의 문제는 아니다. 경제 규칙을 바꾸어 경제 성장과 모두의 번영을 이룰 수 있다고 제안한다.

경제에 정부의 개입이 필요한 것으로 본다. 시장에 맡겨두면 시장은 실패한다. 실물에 토대를 두지 않은 '금융화' 에 따른 신용 공급의 증가가 이미 부를 소유한 사람들에게 돌아간다. 돈이 돈을 번다. '종잣돈이 없다면 투자할 수 없다' 고 말하지 않는가. 개인이나 기업은 지대를 추구한다. 지대 추구란 경제적으로 가치 있는 활동이 아니라 다른 사람들에게서 보통 착취를 통해 경제적 가치를 뽑아내 부를 획득하는 거다. 독점이나 시장 지배력을 키우는 목적이 지대 추구에 있다. 시장의 상호 의존성이 심화하고 인터넷의 위력을 토대로 거대한 부가 형성되는 것을 보면 몇몇 신기술들은 소득과 부와 권력을 집중시키고 있다. 이와 같은 관점에서 '현재의 규칙' 을 나열한다.

'다시 쓴 규칙' 에서 경제 불평등을 개선하려면 어떻게 해야 하나를 풀어간다.

첫째는 지대 추구 행위를 누그러뜨리는 것이다. 지대 추구 행위는 최상위층 사람들에게 과도하게 보상해주고 나머지 사람들이 부담할 비용을 높이고 경제의 효율성과 안정성을 떨어뜨린다. 특히, 정부가 후원하니 은행이 파산해도 비용을 부담하지 않는 대마불사를 종식해야 한다고 주장한다. 비은행 금융기관들의 증권 팔기 같은 그림자 금융과 역외 금융의 문제를 해결해야 한다.

불투명한 금융 활동은 상위 1% 부유층이 높은 소득 점유율을 차지하니 금융을 투명하게 운영해야 한다. 또 최고경영자의 보수, 주주가치의 이익을 고려한 단기적 이익을 중시하는 태도도 문제다. 지적재산권의 보호가 이를 활용한 혁신을 제약하고, 추가적인 연구 개발의 막는다는 점을 알려준다.

미국이 주도하는 세계무역협정(WTO)은 소수 기업에 유리하지 미국 내 모두에게 이로운 것은 아니라는 목소리를 낸다. 정부 차원의 의료서비스의 강화를 실현해야 한다고 본다.(한국은 해당 없으나 과잉 진료, 가짜 환자, 비정상적인 진료 횟수 문제 등은 해결해야 한다) 미국 내 파산 제도의 현안과 문제점을 다룬다.

둘째는 중산층의 안전과 중산층에 진입할 기회를 보장해주는 규칙과 제도를 복원하는 것이다. 완전 고용, 공적인 사회 간접 자본 투자, 임금이 생산성을 같은 속도로 따라갈 수 있도록 노동자를 보호하는 규칙 집행, 여성과 사회적 약자의 노동 참여를 막는 장애물 줄이기, 공교육과 의료, 육아서비스, 금융서비스 등을 복구하거나 만들어야 한다고 제안한다.

'중산층의 규모를 키우는 것이 경제적 불평등을 해결하는 방법' 이란 제안은 완전 고용으로 풀어가야 한다는 결론이다. 이는 소득 재분배보다 안전한 제도적 장치로 보인다. 이는 앤서니 기든스의 《제3의 길》이 제안하는 것과 같은 방향을 가리킨다.

## 탈식민지 시대 지식인의 글 읽기와 삶 읽기

세상에는 수많은 언어가 있다. 영어, 독일어, 프랑스어, 스페인어는 대항해 시대와 제국주의 시대를 거치며 사용자 수를 늘렸다. 중국어, 힌디어는 자체 인구수 덕분에 주요 언어라는 지위를 가진다. 아랍어는 종교 전파에 따라 건조기후 지역으로 확산하였다. 한국어는 세계의 주요 언어가 아닌 탓에 주요 언어로 남겨졌거나 생산된 저작물을 번역해서 이해해야 하는 숙명이다.

《유라시아 견문》의 저자가 언급한 것과 같이 키릴문자와 아랍어로 쓴 글도 챙겨봐야 한다는 인식에 공감한다. 번역이란 과정을 거쳐야 하고 오리엔탈리즘에 젖은 주장을 벗겨내고 풀어내는 과정도 필수 코스여야 한다. 이런 문제의식에서 30여 년 전 강의를 옮긴 《탈식민지 시대 지식인의 글 읽기와 삶 읽기》는 해답을 준다.

타임머신이 내려놓은 강의실에 앉아 있다. 남의 학교 강의실에서 청강하는 중이라 아는 사람 없이 수업에 집중한다. 실루엣만으로는 교수의 얼굴은 알아볼 수 없어도 메시지는 잡음 없이 들린다. 때는 이 땅에 포스트모더니즘을 들여오던 1990년대 초다.

강의 결론부터 말하자면 이렇다.

살아가며 식민지성에서 벗어나야 한다. 여기서 "자신의 문제를 풀어갈 언어를 갖지 못한 사회, 자신을 보는 이론을 자생적으로 만들어가지 못한 사회"를 식민지적이라 한다. 풀어보면, 삶과 지식이 겉도는 현상을 더 만들지 말자는 목적에 동참하라 한다. 이론에 치우쳐 그 속에 담긴 자신의 삶에 대한 암시를 외면하기, 자신의 삶이 전혀 담기지 않은 글 읽기에 일생을 기꺼이 바치기, 책 읽기를 너무나 지겨워하는 것 등은 식민지성을 재생산하는 데 앞장선 사람들일 가능성이 크다.

때때로 유학파 교수의 강의를 들을 때, '외국은 이걸, 이렇게 한다. 우리는 이걸 못 하니 따라 해야 한다'는 방식의 '전달'에 그치는 경우가 있다. 간혹 우리의 형편과 상황을 고려하지 못하고 무지개를 좇으라 한다. 이런 사례는 조혜정 교수 친구의 말을 빌리면 오퍼상 역할이다. 오래전에 《오리엔탈리즘》을 읽으며, 번역자의 목소리에 더 귀를 기울였던 것은 그가 오퍼상이 아니라고 판단했기 때문이다. 같은 맥락의 글로 받아들인다.

강좌는 〈문화이론〉이다. 문화이론이 말하는 이론과 개념은 서양 학자들이 그들의 역사적 삶의 현장에서 만들어낸 것이다. 그러니 우리에게 직접 적용하기 쉽지 않다. 적확한 예로 든 것을 발췌하여 옮겨본다.

"문화상대주의라는 개념은 긴 역사 속에서 이방 문화와 접촉하고 문화 간의 교류가 실제적 효과를 거두어온 서양 역사-제국주의 팽창-속에서 나온 개념이다. 이 개념을 부모와 자식 세대 간 문화적 단절을 극복하려는 방법론적 태도로 상대주의의 개념을 부각해 학생들이 감을 잡게 한다."

주입식 교육 시스템에서, 받아 암기하는 수준은 '명제적 지식에 중독됨'으로 식민 지배를 받은 역사를 가진 사회에 팽배하는 현상이라고 말한다. 이미 세상은 "일상적 삶이 식민화되어간다는 위기감, 중심과 주변, 타자화된 주체와 권위적 설명의 해체 등이 이 시대의 문제를 풀어가는 주요 개념으로 주목받고 있다"고 본다. 이 문장은 강의하는 교수가 배우던 시기에 풍미하던 네오마르크시즘이라는 학풍에 따라 연구한 스승으로부터 배운 인식이리라.

"당신은 누구인가? 등으로 나에게 질문하지 마십시오. 언제나 똑같은 채로 있으라는 식으로 질문하지 말란 말입니다."

미셸 푸코의 이런 부탁으로 시작해 '저자란 무엇인가' 질문한다. 저자가 계몽주의적이지 않고 명백한 대안을 제시하지 못할지라도, 독자는 책을 읽을 때 국정교과서나 성경을 읽듯이 수동적으로 읽지 말고, 저자와 대화하듯 적극적인 행위로서 책을 읽자 한다. 비판적으로 읽어야 담론에 참여할 수 있다는 거다. 이런 맥락에서 에드워드 사이드가 "텍스트란 사회화의 과정, 저자와 독자가 만들어 가는 과정임을 강조"해왔음을 소개한다. 그러하기에 사이드의 《오리엔탈리즘》은 좋은 책이다.

글쓰기는 시대 변화에 따라 다시 쓰여야 한다고 말한다. 사례로 이링 페처의 《누가 잠자는 숲속의 공주를 깨웠는가?》를 들어 "텍스트는 고정된 것이 아니다. 적극적 해석을 기다리고 있다"는 명제를 풀어간다. 주체적 책 읽기는 시대의 특권이 아니라 짐이자 의무라는 결론을 내리며.

문화 읽기의 어려움을 토론을 통해 느끼게 한다. 마르크스와 푸코는 인간 해방에 관심을 두었다. 미셸 푸코는 난해하지만, 포스트모더니즘 시대를 열어두었다. 길든 사고 경향 탓으로 돌리며 '경전 읽기' 방식을 고수하지 말고, 성서에 적힌 것이면 무엇이든 곧이곧대로 믿어야 한다고 생각하는 문자 근본주의적 습관을 깨야 한다고 강조한다.

번역서를 읽을 때 느끼는 감정을 멋지게 표현했기에 옮긴다.

"누구의 글은 소화 불량기가 남아 있는 번역투가 아닌 우리말로 매끄럽게 쓰여 있어 잘 읽힌다."

30년 전에 이 강좌를 수강했더라면 좋았을 것이란 생각은 현실에 돌아와 든 생각이다. 수강하며 메모한 것을 정리하니 글이 체계적이지 않지만, 결론은 뚜렷하다.

03

# 문제의식에 대해 결별하기

"무상을 본다는 것은 같아 보이는 것조차
끊임없이 달라져가고 있음을 봄이다."
무상을 보지 못하고 동일성을 유지하려 할 때
애착과 집착이 일어나 고통을 느끼고 고통을 받는다.
차이에서 출발하는 불교 철학은 차이에서 생긴
다양성을 긍정적으로 받아들이고,
동일성에 가두려는 힘에 대항하며
차이를 긍정할 것을 요구한다.

## 서로 알기만 해도 친해질 수 있다

'나는 누구인가', '우리는 누구냐' 고 스스로 묻는다. 질문에 관한 답을 정체성(Identity)이라 할 수 있다. 사회의 정체성은 역사적 환경과 문화에 의해 형성된다. 주위 환경으로부터 구별할 수 있게 한다. 국가와 민족도 마찬가지다. 응집력을 가진 사회는 정체성이 있다. 정체성이 없다면, 외부 힘에 따라 휘둘리기 쉽다.

역사를 통해 정체성이 없는 민족과 국가는 사라져갔다. 청을 세운 만주족은 한족에 동화되었고, 아메리카의 마야, 아스텍, 잉카 문명은 흔적만 남겼다. 히틀러의 제3제국은 왜곡된 정체성 탓에 세계사에 오점을 남기고 사라졌다. 정체성은 구별이지 폐쇄성과 같은 뜻은 아니다.

정체성과 정체성 혼미는 상반된 개념이나, 개방적인 태도는 정체성에 상반된 개념이 아니다. 정체성은 오히려 동태적인 개념으로 볼 수 있다. 개방적인 자세는 정체성을 새롭게 하거나 강화, 확립하게 할 수도 있다. 이러한 관점으로 역사, 종교, 정치, 예술 등 여러 분야에서 개방적인 자세가 유기적으로 결합하여 사회의 정체성을 형성한 사례를 찾을 수 있다.

첫째, 중국의 학문이 유럽의 근대를 형성하는 데 도움을 주었다고 평가할 근거가 적지 않다. 둘째, 기독교 세계의 프로파간다(사상이나 교의 등의 선전) 영향으로 조작된 이슬람에 관한 오해와 무지는 '새로 보기'를 요구하는 시대가 되었다. 셋째, 한민족이 남과 북으로 분단된 상태가 계속되고 있어 정체성에 문제가 생기거나 약화할 것으로 보인다. 양쪽이 서로에 관한 인식을 되돌아봐야 할 때다. 넷째, 예술 세계는 시대정신을 담은 정체성을 드러낸다. 이를 깊이 있게 이해하려면, 미술 분야의 경우 전문 작가의 시선을 통해 작품을 감상하는 태도가 필요하다. 미술 작품은 시대상을 반영하기 때문이다.

## 유럽의 근대 형성에 이바지한 공맹

유럽의 근대를 형성하는 데 중국의 학문, 즉 공맹(공자와 맹자)의 철학이 도움을 주었다고 평가한다. 새뮤얼 헌팅턴은 《문명충돌론》에서 이데올로기의 대립은 중요하지 않게 되지만, 앞으로 기독교와 이슬람이 만나는 지역에서 끊임없이 분쟁이 일어날 것으로 본다. 인류에게 기독 문명과 이슬람 문명의 분쟁이 평화를 유지하는 관건이 될 것이란 주장이다. 《문명충돌론》은 서구인에게 '세계를 한눈에 바라보는 시각과 전망' 이라는 찬사를 받기도 했다.

프랑스 정치가 자크 아탈리는 《등대》에서 문명융합론의 관점으로 세계가 하나로 통합될 것이라 기대한다. 황태연은 《패치워크 문명의 이론》에서 헌팅턴의 주장이 서구중심주의자의 독단에 가까운 문명 해석이라고 평가한다.

문화 확산이란 차원에서 고립된 지역이 아니라면 문화는 접촉을 거쳐 변용되고 발전한다. 교류를 통한 문화의 접변을 쉽게 설명할 수 있는 이론이 패치워크 문명이론이다. 패치워크 문명이론은 독자적으로 발달한 문명이 타 문명으로부터 필요한 것을 받아들여 자기 문명을 발달시켜 간다는 관점이다. 문명충돌론과 전혀 다른 시각에서 문명을 바라본다.

문명의 패치워크 사례를 '계몽주의와 근대 유럽' 으로 쉽게 풀어놓아 이해할 수 있다.

이성을 가진 인간이 이성에 맞지 않는 오류를 수정해 가기에 인류는 발전해나간다는 게 계몽사상이다. 로크의 저항권, 몽테스키외의 삼권분립, 루소의 사회계약론, 밀의 자유론이 그러하다. 서양에서는 이들이 유럽인의 정신세계를 근대화했다는 게 정설이다. 황태연은 이런 계몽사상가들이 자생적으로 사상을 발전시킨 것이 아니고, 헬레니즘이나 헤브라이즘이라는 서양 문명의 원류로부터 발전시킨 것도 아니라고 한다. 17~18세기 유럽의 선교사, 탐험가들이 중국에 와서 배워간 공맹의 철학이 유럽 지식인의 정신세계에 충격을 주었고, 여기에서 계몽주의가 태동했다는 것이다. 유럽의 근대 철학은 공맹 철학의 패치워크로 이룩한 것이라는 말이다. 수많은 학문적 사례를 증거로 제시한다.

반면 동아시아 세계는 유럽이 근대화될 때, 공맹 철학을 폐쇄적인 성리학으로 붙들어둔 탓에 식민지를 경험하고 고생했지만, 이제는 아니라고 단언한다. 중국 · 한국 · 일본의 정치 · 경제력이 유럽과 미국을 능가하는 시대를 살게 될 것이라고 본다.

공맹의 철학이 유럽에 전해져 유럽을 일깨웠음을 강조하자는 것이 아니다. 서구 사회가 식민지를 경영하며 오리엔탈리즘이라는 관점을 갖게 되었다는 한계점이 있지만, 근대화를 이루는 데에는 개방적인 자세가 있었음을 말하려는 것이다. 다른 시각에서 서구의 합리론적 정치 철학에는 지배 욕구가, 과학기술에는 자연 정복 욕구가 내재한다고 평가한다. 이에 비하여 경험주의는 공감적 · 실용적 · 인간적 · 친자연적 경험주의 세계관을 만들었다고 평가한다.

이에 황태연은 공자 철학을 창조적으로 재해석하려 한다. '창조적 재해석'이란 공자 경전을 토대로 다양한 관점에서 새롭게 절차탁마하여 동아시아인과 세계인을 끌어당기는 새로운 현대 철학을 창조하자는 것이다. 구체적 방법론으로 다른 문명권의 다양한 철학 사조들과의 '패치워크'를 제시한다. 패치워킹을 통해 개선한 공자 철학을 '공자주의'라고 부르자고 제안한다.

서구 경험론과 공자와 맹자의 철학은 서로 인접해 있으며, 이를 통해 새로운 시대 철학(패치워크)을 준비하자는 것이다. 새뮤엘 헌팅턴의 《문명충돌론》을 비판적으로 보며, 황태연의 《공자와 세계》(전5권)와 《패치워크 문명의 이론》에서 얻을 수 있는 관점이다.

## 생활 양식으로 보는 이슬람교

우리는 글로벌 가치사슬 안에서 교역으로 국가의 경제를 이끌어간다. 우리에게 이슬람에 대한 오해와 무지가 교역에 걸림돌이 되지 않게 하려면, 이슬람의 본질을 이해하려는 노력이 필요하다.

노엄 촘스키는 "미국 정부의 프로파간다에 미국인의 이슬람에 대한 의식은 테러, 일부다처, 폭력, 무지한 집단으로 자리 잡고 있다"고 평가한다. 미국식 교육과 미국에 편향된 현대 외교, 할리우드 영화가 한국인의 의식에 영향을 미쳐왔기에 우리의 의식도 크게 다르지 않다.

우리나라에서 《지혜의 집》, 《이슬람의 눈으로 본 세계사》, 《터키 민족 오천 년사》, 《코란》, 《무함마드》, 《이슬람》, 《그리스 사상과 아랍 문명》, 《이슬람 문명》, 《인류 본사》, 《중간 세계사》 등 이슬람과 관련된 책이 꾸준하게 출판된다. 아랍 속담처럼 "서로 알아야 친해진다." 프로파간다에 따르기보다 내 판단으로 이슬람을 이해하고 싶다. 정약전과 정약용이 선교 때문에 신자가 된 것이 아니라, 중국에서 번역된 《천주실의》을 읽고 연구하며 스스로 예수를 받아들인 것처럼. 보면 볼수록 아랍 세계에 대한 의식의 오류를 발견한다.

프로파간다로 가려진 진실을 찾아가보자. 《이슬람 문명》의 저자 정수일은 신앙 체계가 아닌 사회생활의 모든 영역을 다루는 '합일된 생활 양식'으로서 문명 전반을 소개한다. 이슬람 문명 개론서로 손색없다. 시아파와 수니파가 나뉘는 과정과 차이 등에 관한 부족함만은 《이슬람의 눈으로 본 세계사》를 통해 보완할 수 있다.

교역 10위 국가로 성장하였으나 상대적 빈곤을 느끼는 경제적 불평들을 생각할 때 이슬람이 추구하는 가치에 주목해볼 만하다. 《이슬람 문명》에 따르면, "가진 자의 재산 중에는 못 가진 자의 몫도 있다." 부의 공정한 분배를 통해 평등을 실현하는 것이 이슬람 경제관이 추구하는 중요한 목표 중 하나다.

《관자》에서도 "빈자와 전쟁에서 공헌한 자에 대해 배려해야 한다"고 하고 있으니, 이는 고금의 진리인데 우리나라의 상황을 보면 안타깝고 정부가 해야 할 일을 다시 생각하게 한다. 이슬람에서 소비나 소비재는 항상 물질적으로나 윤리 · 도덕적으로 유용성이 있어야 한다는 소비 윤리가 있다. 술은 도덕적 가치나 유용성이 없는 무용지물이라 금하는 것이다. 《코란》에는 이자를 금지하는 계시가 여러 번 등장한다.

무함마드는 배움을 중요하게 여겼다. 배우는 사람들에게는 읽고 쓰기를 익히며 지식인을 존경하라고 강조하며, 이슬람교 전파를 위해 외국어까지 배우라 권했다. 전쟁 포로가 이슬람 어린이 10명에게 읽고 쓰기를 깨우쳐주기만 하면 곧 석방했다.

이슬람은 하나의 영혼에서 창조된 남성과 여성은 동종의 인류로 동등하게 존재한다고 믿어 남녀는 서로 보호자요, 관리자요, 협력자임을 알게 한다. 이슬람에서 결혼은 사회적 의무이자 종교적 의무다. 혼인 문제에서 여성은 자기의 주권을 행사한다. 이슬람법에 따라 여성은 자신의 사유재산에 대해 절대적 권리를 행사한다. 의무 부여와 수행에서도 여성은 남성과 동격이다.

부모에 대한 효도를 알라의 지고한 명령으로 받아들인다.

코란은 말한다. "나 이외에 아무도 경배하지 말고 부모에게 선행을 베풀고, 부모 중의 한 분이나 두 분 모두가 늙으시면 절대로 싫다거나 비난하는 말을 하지 말고 좋은 말만 할지어다."

이슬람의 일부다처제는 발생론적으로 보면 여성 보호를 포함한 사회연대라는 윤리적 요청에 부응하여 출현한 것이다. 우리 고대사의 '형사취수제' 도 같은 맥락이다.

정수일은 우리 의식의 편향을 지적한다.

"오늘 이슬람에 대한 여러 가지 무지와 오해는 서로의 만남을 난감하게 하고 있을 뿐만 아니라, 인류 문명에 대한 올바른 이해에도 걸림돌이 되고 있다. 따지고 보면 그 주 온상은 이른바 서구 문명 중심주의다. 이슬람을 '한 손에는 코란, 다른 손에는 검' 이라는 폭력 종교로 오도하고, 근대의 이슬람 부흥 운동에 엉뚱한 이슬람 근본주의 딱지를 붙여 호전 종교로 몰아붙이는 것도 그 진원지는 예외 없이 서구 문명이다."

### 진보와 보수를 넘어서 보는 남북 관계

남과 북으로 나뉘어 대치하고 있는 상황에서 우리가 누리는 자유민주주의 가치가 중요한 것은 틀림없다. 남북이 분단된 이래 70년이 넘어간다. 경제적으로 여유 있는 사람이 여유 없는 사람을 살펴보는 일은 자연스럽고 당연하다. 우리가 북쪽에 관한 인식을 되돌아봐야 할 때가 지금이다. 내부의 시선으로는 볼 수 없는 점이 있을 수 있다. 남과 북을 드나들며 연구한 학자가 전하는 이야기를 통해 미처 몰랐던 북한의 모습을 바로 볼 수 있다면 다행이지 않을까.

《선을 넘어 생각한다》에서 선은 남한과 북한, 북한과 미국 사이에 쌓인 불신을 은유한다. 책은 냉전과 냉전 시대를 살아오며 같은 민족임에도 서로를 증오해야만 했던 의식을 깨뜨린다. 다양한 관점을 가질 수 있는 것이 독서의 효과라면, 《선을 넘어 생각한다》가 주는 관점은 새롭다. 그만큼 자칭 보수는 물론 진보라는 사람까지도 사고가 매몰돼 있음을 방증한다. 질문과 답으로 구성한 책의 내용을 따라가 보자.

여러 주제에 따라 질문과 답변을 풀어놓았다. 그중에서 "북한은 과연 붕괴할 것인가"라는 질문에 아니라고 답한다. 북한이 곧 붕괴하리라는 생각은 우물 안 개구리식 사고방식이며, 만약 그렇더라도 북한 붕괴의 결말이 독일보다는 시리아에 더 가까울 것이라고 우려한다. 시리아 내전을 떠올리니 등골이 오싹해진다. 압박과 인내는 북한이 중국에 종속되게 하는 결과일 수밖에 없다고 보고, 북한은 통제되는 시장이 있다며 자본주의 시장과의 차이를 설명한다.

이 외에도 "미치광이 혼자 북한을 지배하는 것 아닌가"에 대한 답변에서 포악한 독재라는 프레임은 프로파간다로 해석한다. 김정은의 목표는 덩샤오핑이라며, 조선노동당의 운영 방식을 알려준다. 장성택 처형도 그가 개인주의를 추구한 결과로 보고 있다.

"선군정치가 군부독재와 같은 것이 아닌가"에 답하며 군이 지배하는 것이 아니라 '군인들에게 배우자', '군대가 인민들의 생활을 도우라'고 하는 방식으로 이해해야 한다고 한다. 이는 마오쩌둥이 옌안 장정 과정에서 보여 준 백성과 군대의 협력을 모티브로 한다. 북한 가정에서 수도꼭지가 고장 나면 군부대에 전화를 걸어 도움을 요청한 사례를 소개한다.

외국인 억류에 대한 의견은 예상을 벗어난다. "북한은 외국인 억류로 무엇을 얻고자 하는가"에 대한 답변에서 북한이 돈을 요구하는 것이 아니라 사과를 요구하며 체면을 세우는 일과 밀접한 관계가 있다고 본다. 돈을 요구하며 흥정하기 위해 외국인을 억류하는 것은 북한 체제의 취약점을 드러내는 것이기에 북한이 그렇게 어리석지 않다. 그런 식으로 북한을 대하기 때문에 북한과 대화가 되지 않는 것이라고 한다.

전문가의 시각은 냉전 시대의 사고를 벗어나지 못하고 있다는 저자의 주장을 통해 다른 방향과 각도에서 북한을 대하는 방법도 생각해 보자고 한다.

중국과 북한의 관계에 관한 견해는 김명호의 《중국인 이야기》에서 풀어놓은 내용과 같다. 혈맹이기도 하지만, 밀고 당기는 사이다. 우리가 일부에서 우려하듯 중국의 속국처럼 취급당하지 않는다는 의미다.

"진보와 보수를 넘어서 보는 남북 관계"에 대한 질문에 대북정책의 역사를 노태우-김대중-노무현의 길과 김영삼-이명박-박근혜의 길로 나눈다. 영화 〈대부〉의 명대사 "결코 거부할 수 없는 제안을 하겠다"를 들어가며 우리가 주도하며 제안으로 변화를 이끌어가야 한다고 강조한다. 전작권도 없는 군대는 세계 어디에 내놓아도 우스울 뿐이라는 주장에 공감한다. 관점을 바꾸면 보이지 않던 새로운 것이 눈에 들어온다.

## 전문가의 감식안으로 보는 예술

시대상을 반영하는 미술 분야에서, 전문 작가의 시선을 통해 작품을 감상하는 일은 의미 있다. 전문가가 보는 것은 보통 사람이 보는 것과 다르다. 전문가는 훈련받은 경험과 지식, 비범한 혜안을 갖고 있다. 전문가의 감식안을 느껴보는 개방적인 태도가 필요한 까닭이다.

옛 그림을 감상할 때 “그림의 대각선 길이 1~1.5배 거리에서 천천히” 감상하고, “오른쪽 위에서 왼쪽 아래로 쓰다듬듯이” 감상하며, “그림을 찬찬히 봐야 한다”는 감상의 원칙이 있다. 이는 《오주석의 한국의 미 특강》을 통해 얻는 전문가의 시선이다. 곰브리치의 《서양미술사》를 재미있게 읽으려면, 서양사를 이해하고 있어야 한다는 전제를 무시해서는 안 된다.

이런 맥락에서 역사와 미술을 공부한 작가 김선지의 《뜻밖의 미술관》이 돋보인다. 서양의 그림을 감상할 때 구체적인 역사와 시대 배경을 알면 그림의 아름다움을 진하게 느낄 수 있다. 몇 가지 전문가의 관점에서 배운다.

‘고전 조각의 이상적인 남성상이 투사된 흰 피부의 키 크고 잘 생긴 남성’이라는 예수의 전형이 탄생하는 과정과 BBC의 합리적 추론(검은 피부의 육체노동자)을 소개한다. 어떻든 성인으로 인류의 스승임은 틀림없지만, 외모지상주의의 관점으로 볼 수도 있다는 작가의 시선을 본다. 독일의 미술사가 빙겔만에서 자리 잡은 ‘백색의 미학’은 과학의 발전으로 고대 조각이 대부분 채색되었음이 밝혀졌으나, 인간의 사고와 행동에 미치는 경로 의존성을 쉽게 벗어나지 못함을 지적한다.

피그말리온을 리얼 돌(real doll)의 창시로 보는 관점은 교육계에서 중시하는 '피그말리온 효과'와 극명하게 대비되는 관점이다. 학생은 교사가 기대하는 대로 성장한다고 믿고 가르친다. 나아가 작가의 시선을 따라가다 보면 히에로니무스 보스의 〈세속적인 쾌락의 동산〉을 보고 싶다. 스페인에 방문한다면 그 그림을 보기 위해 마드리드 프라도 미술관에 가야 할 이유를 만들어준다. 이것이 전문가의 힘이다.

정체성은 개인의 존재하는 모습이고, 지역성과 국민의 특징이다. 역사 · 종교 · 정치 · 예술 분야에서 정체성은 개체를 중심으로 여러 가지가 유기적으로 결합한 결과다. 개방성을 바탕으로 행해지는 교류는 정체성을 형성하고 강화하기도 한다.

중국에 다녀간 유럽의 선교사와 탐험가는 유럽과 다른 중국의 공맹 철학에 놀랐고, 이를 유럽에 소개하여 유럽인의 의식을 깨워 계몽주의 시대를 열었다. 서양의 프로파간다에 의해 만들어진 이슬람에 대한 테러와 폭력이라는 오해는 이슬람을 생활 양식으로 본다면 본질을 이해할 수 있다. 북한을 바라보는 관점은 냉전 시대의 사고방식을 벗어나 '공존해야 할 민족'으로 인식하려는 노력이 필요한 시점이다. 시대정신을 반영한 예술 세계에서는 전문가의 감식안의 도움을 받을 수 있다. 이같이 역사와 현실을 알게 된다면 지난 역사와 달리 다툼은 줄고 평화로운 세상이 가까워질 수 있다.

## 지구는 정복할 대상이 아니라 공존의 터전

2023년 8월 초순, 기온이 36도 이상으로 올라 사람의 체온을 넘었다는 뉴스 기사를 보았다. 폭염 경보에 쓰러지는 사람이 평년의 3배에 달한다는 보도다. 이미 우리나라에서 열대 과일이 재배되며, 봄과 가을이 짧아지고 겨울은 추위가 덜하다. 사헬지대의 사막화 현상 확대가 아프리카의 기근을 지속하게 해 안타까움은 커진다. 화석연료를 쓰다 보니 대기 중 이산화탄소량 증가가 지구의 기온을 높이고 있어 우려한다. 인간의 행위가 지구온난화의 원인을 제공하는 것이다.

인간의 행위는 사고에서 출발한다. 사고의 체계를 사상 혹은 철학이라 할 때 근원은 어디에 있느냐는 문제의식에서 해답을 찾아간다. 프랜시스 베이컨의 철학, 일본 군국주의, 미국 제국주의, 독일의 나치즘, 종자 기업의 성장은 지구를 정복의 대상으로 본다. 이에 비해 스피노자, 레이첼 카슨, 헬레나 노르베리 호지, E. F. 슈마허 등의 사고체계는 지구를 공존의 터전으로 본다.

### 베이컨의 사고는 제국주의 침탈의 근거

프랜시스 베이컨 이전의 영국과 유럽 지식인의 사고체계는 아리스토텔레스의 연구 방법과 스콜라 철학이 대세였다. 아리스토텔레스는 귀납과 연역을 함께 사용해 오직 연역적인 것에서 탈피하고 관찰과 경험을 중시한다. 스콜라 철학은 기독교 신앙을 체계적으로 정리하고 이를 이성적 사유를 통해 논증하고 이해하려 했다. 동양에서 들어온 화약과 나침반, 인쇄술이 유럽 사회에 미친 영향을 알게 된 베이컨은 학문이란 인간 생활에 실질적인 도움을 줄 수 있어야 한다고 믿었다.

베이컨은 《신기관》에서 지구는 정복의 대상이라고 주장하며, 정복하기 위한 방법론을 제시한다. 베이컨의 주장은 〈창세기〉에 언급한 "땅을 정복하라. 바다의 물고기와 하늘의 새와 땅에 움직이는 모든 생물을 다스리라 하시니라"에 뿌리를 둔다. 하느님이 인류가 노동으로 일용할 양식을 얻도록 허락한 것은 인간이 자연을 지배할 수 있도록 허락한 것이며, 인간의 자연 지배는 '위대한 발견'을 통해 이룰 수 있다고 주장한다.

위대한 발견을 위해서 아리스토텔레스의 학풍과 스콜라 철학을 벗어나 새로운 방법론인 귀납적 방법론으로 자연에서 진리를 구해 인류가 과학의 힘으로 세계를 지배할 수 있다는 것이다. 진리를 구하는 방법으로 실험을 강조한다. 17세기 과학혁명의 시대와 18세기를 거쳐 과학의 발전은 인류의 삶을 근본적으로 바꾸어 놓았다. 특히 산업화를 거치며 인류는 물질적 풍요로움이라는 선물을 받았으나, 선물의 내용물에 해결해야 할 과제로 환경 문제가 끼어 있음을 알게 되었다.

다윈의 《종의 기원》을 약육강식으로 해석하여 사회적으로 미친 영향이 지대하지만, 지구는 인류의 정복 대상이라는 베이컨의 사고가 가져온 문제는 환경에만 국한되지 않는다. 정복은 우열을 판가름하게 하고 식민지를 착취하는 강대국의 정책에 연결되었다.

19세기부터 시작된 제국주의 시대의 흐름은 강대국이 약소국을 군사력으로 지배하고 경제적으로 착취하는 것이 당연하다는 분위기를 만들었다. 이런 국제 분위기에서 한반도를 식민화했던 일본의 대외 정책, 미국이 제국으로 성장하는 과정, 히틀러가 가졌던 '레벤스라움' 이라는 지정학적 사고는 이처럼 '지구는 인류의 정복 대상' 이란 사고에 뿌리를 내리고 있다. 역사 속에서 사고가 인간의 행위에 영향을 미쳐 만든 결과를 복기한다.

### 일본의 대륙 침략과 패전 이후 전략

한반도를 식민지로 삼은 일본은 정복 전쟁을 정당화하려고 대동아공영권이라는 개념을 만들어 식민지의 주요 자원과 노동력을 수탈했다. 독일이 소련을 침공했을 때 동맹국이던 일본은 우랄산맥의 동쪽 지역에 대한 일본의 지배권을 인정하라고 히틀러에게 요구했다.

이처럼 기세가 등등했던 일본 정부와 군부는 1944년 후반에 이미 패전이 불가피하다고 예측했다. 소련은 만주와 한반도에 근거지를 확보해 태평양에 진출하는 부동항을 노릴 것이며, 결국 미국과 충돌할 것으로 예상했다. 일본은 이런 국제 정치의 맥락에서 패전 후 운명을 "미 · 소 간의 잠재적 대립을 이용해 소련을 개입시켜 미국의 야심을 견제"하려고 했다. 미국의 아시아 단독 지배를 반대하는 소련을 미국 혼자서 대응할 수 없다고 판단될 때, 미국이 일본의 역할을 인정할 것이고, 이렇게 될 때 일본은 미국의 지원을 받아 다시 아시아에서 지위를 확보할 수 있을 것이라 분석했다. 소련이 동아시아에 참전한 후 최대한 영향력을 확보해야 일본에 유리하다고 보았다. 이런 상황을 유도한 일본은 사실상 소련에 한반도 진입의 기회를 제공하고, 결과적으로 미 · 소가 한반도를 분할 점령하도록 유도했다.

그리고 영국, 프랑스, 미국, 소련이 전범국 독일을 분할 통치한 것에 비추어 일본이 분할되어야 했음에도 한반도 분할이라는 결과를 가져오게 한 것이다. 어처구니없는 결과에 일본의 치밀한 전략적 판단이 있었다.

20세기 초 우리에겐 국제 정치를 바라보는 전문가의 식견을 마주할 기회가 없었다. 대한민국의 1인당 국민소득이 일본을 앞질렀으니 이제 우리가 이겼다고 자만할 때가 아니다. 과거의 역사를 반복하는 불행을 막으려면, 일본이 20세기에 누렸던 힘을 무시하면 안 된다. 우리는 이제 한민족 역사에서 새로운 출발점에 서 있을 뿐이다.

## 미국의 해외 확장

미국은 19세기 말부터 해외 영토를 확장하며 영국, 프랑스와 같은 제국주의의 길을 따른다. 미국이 강대국으로 성장한 과정에 미국의 해군 제독 알프레드 마한이 이바지한 바가 크다. 왕성한 독서가였던 마한은 상업적, 군사적으로 해양을 지배하는 것, 즉 시파워의 우위와 제해권 장악이 국가 운영에 중대한 영향을 미친다고 주장한다. 해로는 어느 방향으로나 갈 수 있는 교역로가 된다는 점에 주목했다.

구체적으로 알프레드 마한은 미국이 해군 기지를 확보해야 한다고 강조했다. 연료를 공급하고 수리를 할 수 있는 기지 없이는 해군 확대가 불가능하다고 판단했다. 마한의 연구와 책은 식민지 확장과 제국주의 경쟁 시대를 맞이해 미국 정계에 움트고 있던 군비확장론자들에게 강력한 무기가 됐다. 마한의 책은 일본 해군에서도 필독서였다.

1881년 미국 해군의 규모는 브라질, 페루, 이집트만도 못했다. 1907년에는 영국에 이어 2위의 해군 강국이 되었다. 파나마 운하, 하와이 합병, 괌, 필리핀에 해군 기지를 건설한 것은 마한의 영향이다. 이는 대니얼 임머바르가 쓴 《미국, 제국의 연대기》에서 2차 세계대전 덕분에 2,000여 개의 기지를 확보하고 현재 800여 개 해외 기지를 확보했다고 하니 마한의 주장이 실현된 것이다. 미국 내에서 미국을 세계 강대국으로 만든 다섯 명 중 한 명이 마한이라고 평가한다.

### 히틀러의 제3제국

독일의 히틀러가 추구한 제3제국은 레벤스라움이란 개념으로 영토 확장과 주변국 정복에 나선다. 히틀러에게 개념을 주입한 것은 나치 독일의 지리학자 카를 하우스호퍼였다. 하우스호퍼는 일본 체제 기간 청일전쟁과 러일전쟁을 경험하고 독일 지정학을 확립한다. 매트 매들리가 《본성과 양육》에서 언급하듯 미국의 우생학이 독일로 전해져 유대인 학살의 이론적 토대가 되었다. 지정학과 우생학이 결합한 것이다.

하우스호퍼는 히틀러와 그의 동료들에게 레벤스라움, 하트랜드, 지정학의 개념을 가르친다. 하우스호퍼가 히틀러에게 소개한 책은 프리드리히 라첼의 《정치지리학》이었다. 라첼은 모든 유기체는 특정 크기의 공간이 필요한데 이를 그 특정 유기체의 레벤스라움이라 불렀다. 인구 증가에 따라 더 넓은 토지를 확보하기 위해 해외 식민지를 개척하는 것이 해결책이란 주장이다. 나치 집권 후 하우스호퍼와 독일 지정학은 제3제국의 도구가 되었다. 독일 지정학자들이 구상한 독일의 레벤스라움은 우크라이나와 러시아의 스텝 지역을 포함한다. 하우스호퍼는 일본에게 남쪽으로 진출하라고 조언했다. 만주와 중국을 침략하는 것을 실수로 보았다. 일본이 중국으로 깊이 들어가면 익사할 것으로 예측했다고 한다.

### 세계를 지배하려는 종자

지구를 정복의 대상으로 보는 관점은 우리의 생명과 미래를 볼모로 잡고 있다. 종자를 가진 자가 세계를 지배하려 하고 있기 때문이다.

베이비붐 세대를 기른 부모들은 농사를 지어 자식을 먹여 살리고 가르치며 살아온 길이 보통의 삶이었다. 1990년대 우루과이라운드 협상과 쌀 개방 문제를 두고 진행되는 농민 시위를 보면서 든 생각은 두 가지였다. 하나는, 어차피 개방을 막을 힘이 농민이나 정부에 없다. 다른 하나는, 싼값으로 쌀을 수입해다 먹는다면 도시에 사는 사람에게는 이익이 될 테니 농민에게 손해를 조금 보전해주는 수준에서 마무리하면 될 것 아닌가? 두 번째 생각은 학교 교육에서 배운 비교우위의 논리에 따라 판단한 것이다. 이 외에도, 'GMO(유전자 변형 생물체)는 식량 부족을 해소하는 대안' 이라는 생각에 별다른 의심을 하지 않았고, 주변에 유기농 식품만 판매하는 매장과 소비자를 보며 유난 떠는 것 아닌가 여겼다.

《종자, 세계를 지배하다》에서 인도 면화 재배 농부들이 자살하게 된 까닭, 아르헨티나를 뒤덮은 GMO 콩밭, GMO 종자만 사야 하는 미국 농부와 유전자 수호 경찰에 당하는 미국 농부의 억울함과 저항하기 벅찬 상황을 본다. GMO와 관련하여 종자를 장악한 자를 제외하고 모든 것이 비극이다. GMO 종자만 심어야 하는 단작이 가져온 식량 위기도 예상할 수 있다.

종자는 인류의 위대한 유산인데 녹색혁명은 단작을 부른다는 맹점을 지적한다. 종의 단순화는 질병, 기후변화 등에 따라서 대재앙을 불러일으킬 수 있기 때문이다. 우선, 전 세계로 GMO 재배 면적이 확산하는 점이 문제다. GMO가 편리하다느니, 제초제 사용을 줄여 영농비용을 줄인다느니, 안전하다느니 하는 광고는 진실이 아니다.

'종자가 세계를 지배한다'는 믿음도 지구, 자연을 정복의 대상으로 삼는 관점이 만든, 눈에 덜 보이나 가장 심각하다고 여기는 문제 중 하나다.

지구를 인류가 정복해야 할 대상으로 여긴 사고방식은 일본의 한반도 식민지화와 대륙 침략, 태평양 전쟁의 패배로 이어졌다. 우리의 관점에서 교활하지만, 일본의 시각에서 일본 본토 대신 한반도를 나누게 만든 정세 판단력은 우리를 더욱 맥 빠지게 했고, 그 피해를 한민족은 아직도 극복하지 못한다.

미국이 세계 곳곳에 해군 기지를 건설한 것이나 독일의 제3제국이라는 깨진 신화도 지구를 정복 대상으로 보는 사고방식의 연장선에 있다. 종자를 가지고 세계를 지배하려는 농업회사의 영업 전략도 마찬가지다.

과학이 발달하고 산업화가 진전되면서 환경오염이 인류의 생존과 미래를 심각하게 위협하리라는 사실을 똑바로 인식한 이들이 있었다.

레이첼 카슨은 《침묵의 봄》을 통해 환경오염 문제를 인간이 해결해야 할 과제로 만들었다. 경제학자 E. F. 슈마허는 《작은 것이 아름답다》에서 개발에 따른 파괴를 우려하면서 '적정기술'의 필요성을 제기한다. 헬레나 노르베리 호지의 《오래된 미래》는 슈마허의 책에서 희망과 용기를 찾고, 파괴되어 가던 라다크를 살리려는 '라다크 프로젝트' 라는 실천 사례를 보여준다.

### 지구는 공존의 터전이다

17세기 네덜란드 철학자 스피노자는 《에티카》에서 전통적 인간관을 비판하며 '인간의 본질은 이성이 아닌 욕망에서 비롯된다' 고 주장했다. 전통적으로 인간을 인간답게 하는 것은 육체가 아니라 정신이며, 자유 의지를 지닌 인간은 다른 존재와 달리 특별하다고 인식한다. 그러나 그는 인간은 육체와 정신이 분리되지 않은 하나의 통일적 존재이며, 인간의 자유 의지는 자연이 존재해야만 획득할 수 있는 것이라 말한다. 또한, 신이 인간을 위해 자연을 만든 것이라는 특권의식(목적론)이 인간중심주의를 낳음으로써 외부 세계, 특히 자연을 인간의 편리를 위한 도구로 전락시킨다고 본다. 《에티카》는 '인간이란 무엇인가', '인간과 종교의 관계는 어떠해야 하는가'에 대한 스피노자의 성찰을 담고 있다.

레이첼 카슨의 《침묵의 봄》은 출판된 지 60년이 지난 지금까지도 영향력이 유효하다. 산업화가 진전되고, 인간이 만들어낸 여러 화학 약품들이 살충제로 사용되면서 해충을 죽이려던 의도와는 달리 해충의 저항력이 강해져 번성하고, 예상치 못하게 익충들이 더 피해를 보게 되었음을 밝힌다. 자연 일부로 살아가야 할 인간이 정복자로서 살아가는 데는 한계가 있을 수밖에 없다고 주장한다.

헬레나 노르베리 호지는 《오래된 미래》를 통해 지구촌은 전 세계 경제통합이란 시각에서 이익의 무한 추구를 꾀하는 정부와 산업계의 영향을 심각하게 받고 있다고 받아들인다. 글로벌 경제화는 분명 더 큰 행복을 가져다주지 않는다. 대신 공동체를 파괴하고 소비 지향적 획일성 문화로 대체함으로써 건강한 정체성의 근본을 훼손시킨다고 본다. 우리를 위협하는 환경재난과 사회 붕괴 현상을 막으려면 하나의 모습으로 통일된 지구촌을 포기하고, 세계화 경제의 대안으로 지역 중심 경제를 가슴으로 안아야 한다고 말한다. 결국, 서구의 주류 사상가들이 서구 산업화의 경험을 보편화하려는 경향은 반성해야 할 일이라고 말하는 것이다. 경제 개발과 자본의 힘은 전문화와 집중화, 에너지 집약적인 생활 방식 쪽으로 세계를 몰고 가는데, 이제는 한쪽으로 치닫지 않고 균형을 유지하는 방향으로 전환해야 한다고 주장한다. 지속 가능한 발전이라고 해야 할 듯하다.

미국 부통령에서 환경 운동가로 변신해 활약하는 앨 고어는 《불편한 진실》을 통해 지구 온난화와 환경 문제의 심각성을 이야기한다. 지구 탄생 이후로 장기적인 관점에서 지구 온난화가 맞는 것인지에 학자 간 논란이 없지 않다. 그런데도 인류가 체감하고 가시적으로 보이는 지구의 변화들은 '지구는 인류에게 정복의 대상' 이란 사고를 멈추라 한다.

페터 볼레벤은 《자연의 비밀 네트워크》에서 숲은 거대한 에너지 창고이고, 숲 밖에 사는 사람들은 숲속 사정을 잘 모른다는 전제 아래 독일 산림관의 전문적 이야기를 전한다. 저자의 생활 무대인 독일과 미국 서부 옐로스톤 국립공원과 여러 연구물을 소화하여 자연은 그 자체로 모든 것을 조절한다는 결론을 끌어낸다.

E. F. 슈마허의 《작은 것이 아름답다》는 경제학 서적이다. 책이 출간되던 1973년의 시점에서 빈부의 격차가 커지고, 환경오염이라는 예측하지 못하던 문제가 드러났다. 자원의 소비가 빠른 속도로 증가하며, 농촌의 인구가 도시로 집중하는 상황에서 바람직한 경제란 무엇인가를 고민한 결과를 담고 있다.

산업화를 성공적으로 경험한 선진국의 경제를 이끄는 저변에 인간은 지구의 지배자라는 인식이 보편적임을 말한다. 지구는 개발, 개척의 대상이라는 성장지상주의, 물질주의 철학이 있음을 부정하지 않는다. 인간은 자연의 자식이지 지배자가 아니다. 인간이 생태계를 파괴하는 것은 자연을 효용의 차원에서만 보기 때문이다. 농업(생명)에 산업(무생명체)의 원리를 적용하니 문명에 위협이 된다.

# 니체의 낙타는 죽었다

정권이 바뀌면 국정 철학도 바뀐다. 성공한 기업은 나름의 기업 철학을 갖고 있다. 학교는 학교장의 교육 철학을 반영하여 교육 과정을 운영한다. 철학을 논하면 지적이고 있어 보이며, 현학적인 말을 듣는 사람은 기가 죽고, 말하는 사람은 기세를 올리기도 한다. 30여 년 전만 해도 학교장의 경영 의지를 학교 교육목표에 넣어야 했다. '경영 의지를 무엇으로 어떻게 할까요?' 라는 질문에 '알아서 해봐!' 라고 말하는 교장은 교육 철학도 없는 관리자라는 평가를 받았다. 세월은 흐르고 의식이 변했다. 이제는 학교장이 자신의 교육 철학을 조직에 요구하는 것은 폭력과 다르지 않다고 말한다.

철학이란 존재, 인식, 가치에 관해 생각의 바탕에서부터 실천의 방식에 이르기까지 광범위하게 사유하는 모든 행위다. 지극히 평범한 철학적 원리는 의식이 행동을 결정한다는 것이다. 같은 경험이라도 철학이 다르면 해석이 달라지며, 경험까지 다르면 사유와 행위가 달라진다.

철학사의 흐름을 더듬어 보면 현재의 주류 철학은 과거의 철학에 대한 반성에서 재출발한 것이고, 앞으로의 철학은 변화하는 현재를 담아내지 못하는 부분까지 담아낼 것이다. 철학의 역사는 인간이 자신을 찾아가는 과정이라고 볼 수 있지 않을까? 때로는 신의 영역 안에 있던 인간이 신의 굴레를 벗어나 자신을 찾아가는 역사였음을 본다. 이러한 과정을 자기 생각에 따라 경험을 덧붙여 말하고 글로 써내는 것이 문학이고 인문학의 본질이 아닐까. 생각의 틀인 철학을 이해하고 내 삶에 적용해 어떤 세계관, 인생관, 윤리관을 가지고 살아가며 행동할 것인가. 이것이 인문학을 하는 까닭이지 싶다.

동양과 서양, 과거에서 현재에 이르기까지 사유하는 방법과 대상이 같지 않다. 이를 살펴보는 것이 철학사를 개관하는 일이다. 수많은 철학자는 자신의 사유를 실천했고 사회에 영향을 끼쳤다. 이 중에서 철학사의 줄기를 나누거나 바꾼 이들의 사유와 실천을 살펴보는 일은 유의미하다. 나에게, 우리의 삶에 얼마나 유용하냐는 준거에 따라 취사선택해 보는 일은 시도해 볼 가치가 있다.

## 철학사 개관

철학사를 이해하면 서양 사상의 흐름을 파악하기 쉽다. 서양 사상은 크게 3단계로 나누어 이해할 수 있다. 2단계는 1단계를, 3단계는 2단계 사상을 넘어서려는 시도로 보면 된다. 1단계는 플라톤의 이데아가 중심이 돼 서양 철학이 시작된 단계다. 이원론적 대립(선과 악, 아후라마즈다와 아후리만 등)과 만물의 변화(주역, 같은 강물에 두 번 발을 담그지 못한다) 등 소크라테스 이전 철학은 동양에도 익숙한 사상이다.

소크라테스 이후 서양 고대 철학은 플라톤이 지배한다. 현실이란 이데아의 그림자에 불과하다며 '동굴의 비유'로 설명한다. 이데아는 눈에 보이지 않고 영혼의 눈으로 볼 수 있는 사물의 본질이다. 보이지 않는 이데아의 존재를 이성으로 믿으라는 거다. 경험과 감각은 완전하지 않다는 거다. 현실은 진짜가 아니고 이데아가 진짜며 이데아계에 다가갈 수 있는 존재는 지성과 이성을 갖춘 인간뿐이다. 이데아론은 인간은 다른 동물과 달리 위대하다는 생각을 서양인에게 심어 준다.

플라톤이 말한 이데아계는 본질의 세계다. 본질의 세계는 신의 세계라고 말할 수 있다. 이데아론은 기독교와 결합해 서양 세계를 지배한다. 한편 아리스토텔레스는 자연, 천체, 동물, 형이상학, 윤리학, 정치학, 경제학, 시학 등 손대지 않은 분야가 없을 정도로 그 지식이 광범위하다. 아리스토텔레스 이후 그의 사상이 진리로 인식될 정도로 후대에 강한 영향을 끼쳤다. 세상의 모든 것을 원리적으로 설명하려는 욕망이 서양 사상을 지속시키는 원동력이라고 본다.

중세 로마 가톨릭교회는 고대 그리스인의 비판적 사유 방식을 가로막아 버렸다. 이데아론이나 기독교는 눈에 보이지 않는 세계의 존재를 조건 없이 믿고 중요시한다. 플라톤의 철학과 기독교가 치밀하게 결합하였다. 이데아나 눈에 보이지 않는 세계는 존재를 입증할 수도 부정할 수도 없다. 현실과 우주를 해석하려는 시도는 사라졌고 서양의 사상은 정체 혹은 퇴보한다.

2단계는 기독교로부터 탈출해 근대 합리주의와 철학을 완성하는 단계다.

데카르트의 '코기토 에르고 숨(Cogito, ergo, sum)'은 생각하는 이성을 가진 존재가 인간뿐임을 말한다. 내가 생각하기 때문에 내가 세상의 중심이다. 자신이 의식함을 자각하는 점에서 인간은 다른 동물과 다른 존재로 보게 된다. 인간이 이성을 발휘하면 모든 것을 설명할 수 있다고 믿었다. 칸트는 경험적 인식에 앞서는 선천적 인식으로 '아 프리오리(a priori)'를 상정한다. 경험하지 않아도 아는 것을 말한다. 인식이 한정적이라 '물자체'를 인식하지 못하니 단념하라 말한다. 선천적이건 경험적이건 우리의 인식은 대상 자체(물자체)에조차 이를 수 없으므로 이데아계에 이르는 것은 불가능하다. 인식이 대상에 의존하는 것이 아니라 대상이 인식의 방법에 의존한다는 것이 칸트가 말하는 코페르니쿠스적 전환이다. 인간은 다른 생물에게 없는 인식의 한계를 뛰어넘을 수 있는 이성을 가지고 있다. 자연도 뛰어넘는 인식을 초월한 능력인 이성을 가진 인간은 대단하다는 주장이다.

신의 세계는 모른다며 경험론과 합리론에서 필요한 것만 취사선택해 독일 관념론을 만들기도 한다. 헤겔은 절대정신이 세계를 움직인다고 보고 정반합을 반복하며 모순을 해결해 인류 역사가 발전한다고 본다. 데카르트, 칸트, 헤겔은 본질을 연구한 결과로 '인간 이성이야말로 최고'라는 결론에 도달한 것이다.

3단계는 이성으로 완성되었다고 믿은 서양 중심주의에서 탈출하는 단계다.

니체는 노예의 평화를 거부하고, 정신의 자유, 용기를 갖고 망설이는 나 자신을 극복하는 강한 정신력을 가진 인간, 초인이 되라 한다. 낙타(의무 수행과 무거운 짐을 짐에 견디는 정신), 사자(자유 의지로 의무조차 거부하는 정신), 어린아이(천진무구한 놀이 정신이 창조한다)라는 인간의 정신 변화를 상정한다.

니체의 사유 방식은 자신을 적극적이고 긍정적으로 받아들이는 강한 힘을 주기에 실존주의 철학으로 이어진다. 실존주의는 자신이 이 세상에 존재하는 것을 부정적으로 받아들이지 않고 스스로 자신의 운명을 개척하라는 것이다.

니체는 '어떻게 살 것이냐' 는 명제에 자연과 에너지를 순환시키며 강하게 살아가는 인간상을 제시한다. 하이데거는 인간이란 언젠가 죽으니 이를 각오하고 현재의 삶에 충실하라 한다. 물건의 존재와 시간적 존재인 인간 존재는 다르다고 보고, 시간이라는 요소를 철학에 도입한 것이다. 죽음을 각오하고 치열하게 사는 삶이 니체와 하이데거가 지향하는 삶이다. 실존주의 철학에 관해서 뒤에서 상술하려 한다. 독서로 철학을 배우고 실천하려는 사람에게 와 닿는 점이 많기 때문이다.

후설의 현상학은 기존의 이성주의에 대한 위기감을 극복하기 위한 사상이다. 확실하지 않은 것은 판단을 보류(에포케epoche, 판단 중지)하라고 한다. 사물을 편견으로 판단하지 말고 현상 자체를 관찰해 기술하고 판단은 그 후에 하라는 것이다. 이것이 현상학적 기술이며 세밀히 관찰하고 기술하면 대상에 애정이 생긴다. 구조주의는 체계가 요소보다 우선한다는 것이다. 인간의 뇌는 어떤 언어 문법도 이해할 능력을 지녔다는 촘스키의 인식,

서양인에 의해 만들어진 동양 이미지인 오리엔탈리즘, '중심부의 번영은 주변의 기능에 의존한다' 는 임마누엘 월러스틴의 세계체제론 등이 구조주의 범주 내에 있다.

철학사를 개관하며 스치는 단편적 생각들을 모아본다. 칸트가 한 "신의 세계는 모른다"는 말은 공자의 사후 세계에 대한 인식과 비슷하다. 근대 합리주의 철학에 깔린 계몽사상은 중국의 학문이 선교사를 통해 프랑스에 전해진 이후 왕성해졌다. 법륜 스님의 즉문즉설에는 에포케가 자주 사용된다. 촘스키의 언어학은 《본성과 양육》의 논쟁에서 본성에 가깝다. 매판자본론의 뿌리에 세계체제론이 닿아 있다. 오리엔탈리즘은 사대주의와 대척점에 있으며, 중화사상과 논리 구조가 비슷하다.

사이토 다카시는 칭찬에 대한 무한긍정론을 뒤집는다.

"부모에게 제대로 혼난 경험이 없이 칭찬만 받은 아이는 사회에 나갔을 때 갑자기 칭찬받지 못하면 맥없이 부러진다."

'칭찬은 고래도 춤추게 한다' 는 유행에 대한 반격이며, 21세기 한국 학교 교육에서 귀담아들어야 할 생각이다.

진화론은 과학적 추론이자 영향력에서 비할 바 없는 사상이다. 프로이트의 오이디푸스 콤플렉스, 엘렉트라 콤플렉스는 서양 문화와 동양 문화가 다름을 느끼게 한다. 현상학에서의 주관은 우리가 사용하는 객관적이란 단어에 문제가 있음을 이론적으로 말해준다고 봐 공감한다. 대화나 토론에서 흔히 운운하는 "객관적"이란, 사실 주관적이다. 현상학적 기술인 "자세히 보고 기술하라"에서 나태주의 시 〈자세히 보아야 예쁘다〉가 떠오른다. 고난을 겪어야 자신을 긍정하기가 더 쉬워진다는 건 '아픈 만큼 성숙해진다'는 말로, 세이렌의 유혹을 이겨낸 오디세이를 떠올린다.

21세기 한국 사회에서 니체의 '낙타'는 죽었고 권리만 앞세운다. 모든 것은 변한다는 생각은 그리스나 중국이 계절의 변화를 느끼는 중위도 지역이기에 발생한 사상이리라. 기후변화가 거의 없는 열대기후 지역에서 발생하기 어려운 사고다. 철학사 개관의 기준으로 여길 수 있는 사이토 다카시의 《철학 읽는 힘》에서 아리스토텔레스의 철학을 발전시킨 아랍 세계의 역할은 전혀 언급하지 않는다. 움베르토 에코의 《장미의 이름》을 읽어가며, 살인이 벌어지는 과정에서 왜 아리스토텔레스가 공개되지 않기를 바라는가를 생각해보게 한다.

### 철학자와 사상가들

수많은 철학자와 사상가들이 그들이 살았던 시대부터 오늘날까지 발자국을 남겼다. 의미 있는 영향력을 발휘하고 있으나 모두를 언급하기에 능력이 미치지 못한다. 일반적으로 만나는 철학 개론서는 서양철학사를 볼 때, 시대별로 철학자를 나열하고 핵심 사상을 서술하는 방식이다. 혹은 철학 고전을 중심으로 철학자의 사유 방식과 행동을 소개한다. 이와 달리 알랭 드 보통의 《위대한 사상가》는 철학, 정치이론, 동양철학, 사회학, 정신의학, 미학과 건축, 문학으로 구분한다. 사상가라며 철학자만 떠올리는 정형적인 사고의 틀을 깨고 화가, 건축가, 정신분석학자도 사상가 범주에 넣는 알랭 드 보통의 관점을 볼 수 있다.

야마구치 슈의 《철학은 어떻게 삶의 무기가 되는가》는 사람, 조직, 사회, 사고의 관점에서 유목화하여 철학자의 핵심 철학을 안내한다. 동양 철학, 인도 철학을 비중 있게 다루지 않는다는 아쉬움이 있다. 슈의 유목화는 읽고 받아들이기 수월하다. "교양 없는 전문가보다 위험한 존재는 없다"며 우리는 왜 철학을 배워야만 하는가를 묻고 답한다. 상황을 정확하게 통찰하고, 비판적 사고의 핵심을 배우고, 어젠다를 정하며, 같은 비극을 되풀이하지 않을 수 있다는 생각에 공감한다.

사람에 대한 철학자들의 사유 중 아리스토텔레스 수사학의 핵심은 타인을 설득해 행동을 바꾸려거든 로고스, 에토스, 파토스가 필요하다는 것이다. 설득보다 이해, 이해보다 공감이 중요하다는 말이다. 니체는 르상티망(ressentiment)으로 타인의 시기심을 관찰하면 비즈니스의 기회가 보인다고 말한다. 인식 능력과 판단 능력이 르상티망에 의해 왜곡될 가능성을 지적한다. '내가 무엇인가를 원할 때, 그 욕구가 진짜 내 순수한 마음에서 비롯된 것인가, 르상티망에 의한 것인가?' 를 구별하라는 것이다. 카를 구스타프 융의 페르소나(persona)는 직장 생활하면서 페르소나를 잘 관리하라 한다. 포커판에서 포커페이스를 짓듯 말이다. 그래야 자신의 모습을 보호할 수 있다.

에드워드 데시는 성과급으로 혁신을 유도할 수 없다고 주장한다. 대가를 예고하면 이미 재미를 느껴 몰입해 있는 활동에서 대한 자발적 동기가 저하된다. 당근과 채찍은 효과가 없고 도전이 허용되는 풍토가 필요하다는 것이다.

에리히 프롬은 자유란 견디기 어려운 고독과 통렬한 책임이 따른다고 본다. 그래서 비싼 대가를 치르고 얻은 자유를 내던지고, 고독을 이기기 어렵고 책임을 지고 싶지 않아 전체주의를 택한다. 프롬은 하층 및 중산층에서 나치즘을 반기며 맞이한 이들이 자유의 무게에서 벗어나 의존과 종속을 추구한 권위주의적 성격을 가졌다고 본다. 자유로워지는 것은 개인의 자아와 교양의 강도에 달렸다. 이를 '자유로부터의 도피' 로 설명한다. 장

폴 사르트르의 앙가주망은 '주체적으로 관계된 일에 참여하라, 자신의 행동과 세계에 참여하라' 고 강조한다. 이는 행정학의 조직론과 리더십 이론에서 강조하는 개념으로 발전한다.

한나 아렌트의 악의 평범성은 악의가 없어도 누구나 악인이 될 수 있다는 점을 지적한다. "배우기만 하고 생각하지 않으면 체계가 없고, 생각만 하고 배우지 않으면 위태롭다(學而不思則罔思而不學則殆)"는 공자의 말과 다르지 않다. 스스로 생각하기를 포기하면 누구나 아이히만처럼 될 수 있다.

매슬로는 자아실현을 이룬 사람일수록 인맥이 넓지 않다고 본다. '던바의 수' 와 연결하여 인간관계를 점검할 수 있는 근거다. 리언 페스팅어의 인지부조화는 사람들이 자기 행동을 정당화하기 위해 기꺼이 생각을 바꾼다는 것이다. 인간은 합리적인 생물이 아니라 합리화를 도모하는 생물이다. 미하이 칙센트미하이는 몰입할 때 일에서 만족감을 느끼고, 가진 능력을 최대한 발휘한다고 본다. 실제 많은 사람이 많은 시간을 무기력의 영역에서 살아가고 있다. 행복한 몰입의 영역에 도달하려면 걱정이나 불안의 영역을 반드시 통과해야 한다는 점에 공감한다.

조직에 대한 사유로 "어떠한 수단과 비도덕적 행위라도 결과적으로 국가의 이익을 증진한다면 그것은 허용된다"는 마키아

벨리의 주장은 국가 존망의 갈림길에서 요구되는 지도자의 자질과 행동 방향에 관한 것이다. 존 스튜어트 밀은 '악마의 대변인' 역할이 조직에서 중요하다고 본다. 다수파를 향해 의도적으로 비판하고 반론을 제기하는 역할을 맡기라는 것이다. 지적 수준이 높을지라도 동질성이 높은 사람들이 모이면 의사 결정의 질이 현저히 저하될 수 있다는 점을 극복하는 방법이다.

쿠르트 레빈은 혁신이란 새로운 시도가 아닌 과거와의 작별에서 시작된다고 본다. IMF 위기 때 많이 읽힌 구본형의 《익숙한 것과의 결별》, 《낯선 곳에서의 아침》이 같은 맥락이다.

막스 베버는 권위를 만들려면 역사적 정당성, 카리스마, 합법성이라는 세 가지 요소가 필요하다고 말한다. 에마뉘엘 레비나스는 '타자의 얼굴' 이란 개념으로 타자(소통이 안 되는 사람, 이해할 수 없는 사람)를 깨달음의 계기로 해석한다. 타산지석과 동류다. 관점이 다른 타자를 배움과 깨달음의 계기로 삼는다면, IQ 80의 차이를 만든다.

로버트 킹 머튼의 마태 효과는 가난한 사람은 더 가난해지고 부유한 사람은 더 부유해진다고 풀어준다. 한국식 나이 계산법에 따르면, 1월생이 12월생 보다 성적도 좋고 스포츠도 잘한다. 꽉 찬 나이가 좋다는 것이다. 마태 효과를 극복하는 것이 필요하며 이를 위해 초기 실적의 차이를 그다지 의식하지 말고 조금 더 여유롭고 긴 안목으로 사람의 가능성과 성장을 내다보라는 것이다.

부조종사가 조종타를 잡았을 때보다 기장이 조종타를 잡았을 때 추락 사고가 많다. 조직에서 의사 결정의 질을 높이려면 구성원 간의 의견 표명이 자유롭고 마찰을 두려워하지 않는 것이 중요하다. 부하 직원이 "그건 말도 안 된다"고 반론할 수 있어야 한다. 약한 처지에 있는 사람이 적극적으로 자신의 의견을 표명해야 기술 혁신이 가속된다.

나심 니콜라스 탈레브는 반 취약성(anti fragile)의 개념을 사용해 조직의 발전을 도모하라 한다. 안정이 계속될수록 리스크는 쌓인다. 외부 혼란이나 압력에 오히려 성과가 상승한다. 스트레스가 적은 상황일수록 시스템은 취약해지므로 언제나 무너지지 않을 정도의 스트레스를 일정하게 가해야 한다. 그 실패가 학습을 독려하고 조직의 창조성을 끌어올리는 역할을 한다는 것이다.

사회에 관한 사유로 '지금 무슨 일이 일어나고 있는가' 질문하며 답한다.

카를 마르크스는 자본주의하에서 전개되는 노동과 자본의 분리, 분업에 의한 노동의 시스템화가 인간을 소외시킨다며 '소외'라는 개념을 사용했다. 토머스 홉스는 《리바이어던》을 통해 규칙을 깼을 때 벌칙이 가해지지 않으면 아무런 의미가 없다고 본다. 사회를 구성하는 사람들의 안전과 자유를 보장하는 유일한 방법은 개개인의 자유와 안전을 박탈할 수 있는 거대한 권위체제를 두고 그 권력으로 사회를 통제하는 것이다. 거대한 권력에 지배된 질서 있는 사회와 자유롭지만 무질서한 사회 중 어느 쪽이 바람직한가를 묻는다. 장 자크 루소의 일반의지는 집합적인 의사 결정이 제대로 기능을 발휘하면, 그 집단 속에 있는 가장 현명한 사람의 판단보다 질 높은 의사 결정을 할 수 있다는 것이다.

찰스 다윈의 자연도태에서 돌연변이가 발생하는 것은 자연스러운 일이다. 돌연변이가 유전되고 자연 선택에 영향을 끼친다. 자연도태란 개념은 세계나 사회의 성립과 변화를 이해하는 데 유용한 도구로 사용한다. 마르셀 보스의 증여를 의무(증여할 의무/받을 의무/답례 의무)로 보는 견해는 등가 교환을 원칙으로 하는 경제학 개념으로 풀 수 없다. 모스는 증여에 주목해 유럽 사회가 증여라는 관습을 잃어버렸기에 경제체제에서 인간성을 잃어버렸다고 비판한다. 시몬 드 보부아르는 "여성은 여성으로 태어나는 게 아니라 여성으로 만들어지는 것"으로 보고, 제2의 성은 편견에 대한 무자각이 여성의 사회 진출을 막는 최대의 장벽이라고 본다.

세르주 모스코비치의 격차 개념은 공평한 사회일수록 차별에 의한 상처가 깊다는 말이다. 격차나 차별로 인한 질투의 감정은 사회 조직의 동질성이 높아질수록 오히려 구성원에게 상처를 준다. 알렉시스 토크빌도 모든 것이 평준화될 때 인간은 최소의 불평등에 상처받는다고 보았다. 평등이 커지면 커질수록 항상 평등의 욕구가 더욱 크고 끊임없이 계속되는 것은 바로 이 때문이라며 같은 생각을 피력했다. 미셸 푸코는 파놉티콘에서 감시당하고 있다는 심리적 압박에서는 혁신을 기대할 수 없다고 지적한다.

장 보드리야르의 견해에 따르면, 사람들은 필요해서가 아니라 다르게 보이기 위해 돈을 쓴다고 한다. 이를 '차이적 소비' 로 부른다. 피에르 부르디외의 《구별 짓기》와 같은 맥락이다. 멜린 러너는 '공정한 세상 가설' 로 보이지 않는 노력도 언젠가는 보상받는다는 말은 거짓말이라 판단한다. 공정한 세상 가설을 믿어 인생을 망칠 수도 있다. 무의식중에 '노력 원리주의' 는 ' 1만 시간의 법칙' 을 내세우지만, 세상은 절대 공정하지 않다. 공정한 세상을 목표로 싸워가는 것이 우리의 책무고 의무라고 본다.

어떻게 사고의 함정에 빠지지 않을 수 있을까? 소크라테스는 무지의 지를 통해 알지 못한다는 사실을 알고 있어야 배움에 대한 욕구와 필요성이 생김을 강조한다. 안다는 것은 자신이 그렇게 변하는 것이다. 프랜시스 베이컨은 착각, 독선, 거짓, 무비판에 따른 편견이 오해를 일으키니 이를 제거하여 진리에 다다르고 본연의 모습을 보라고 한다.

에드문트 후설의 에포케는 판단 중지다. 때로는 판단을 보류하는 것이 도움이 된다. 에포케는 타자 이해의 어려움을 깨닫고, 대화할 수 있는 여지를 넓힌다. 토머스 쿤은 세상은 갑자기 바뀌지 않으니 조급해하지 말라고 한다. 새로운 과학적 진리는 반대자가 멸종하고 새로운 세대가 성장하여 그들에게는 당연하게 여겨질 때 비로소 승리한다. 이것이 패러다임의 전환이다. 엘런 케이는 미래를 예측하는 가장 좋은 방법은 예측할 수 없는 미래를 창조하는 것이라 말한다.

## 철학에서 골라낸 유용한 사유방식

부만 있으면 어떤 일도 할 수 있는 물질 만능주의 시대에 철학 없이 부자가 되는 것 자체를 목표로 삼는다면, 한계가 없는 부를 추구하는 늪에 빠질 수밖에 없다. 부에 대한 철학이 있어야 어른이다. 세상 사람들은 모두 배움을 줄 수 있는 사람이다. 그것을 어떻게 받아들이느냐 여부는 온전히 나에게 달려 있다. 올바른 배움이란 뛰어나지 않은 사람에게도 배울 점을 배우는 것이다.

《소크라테스 이전 철학자들의 단편 선집》에서 피타고라스의 새로운 면모를 마주한다. '피타고라스 정리'의 수학자로만 기억하지 말아야 할 이유가 있다. '철학'이라는 용어를 처음으로 사용하고, 코스모스(COSMOS, 모든 것을 아우르는 질서)에 대해 처음으로 말한 철학자이기도 하다. 피타고라스에 대한 상반된 평가가 공존하는데, "친구들의 것은 공동의 것"이라는 피타고라스적 삶의 방식으로 사는 공동체를 만들었다. 공동체는 재산 공유의 원칙, 묵언 규칙, 보안 규칙이라는 배타성으로 인해 압박을 받았다.

스토바이오스는 128개의 아포리즘을 담은 책을 남긴다.

"고귀한 말이 비천한 행위를 가려주지 않고, 훌륭한 행위가 비방하는 말로 인해 해를 입지도 않는다. 아버지의 절제가 아이들에게 가장 큰 가르침이다. 갖지 않은 것들에 괴로워하지 않고, 있는 것들로 즐거워하는 사람이 현명하다. 정의는 해야 할 일을 하는 것이고, 불의는 해야 할 일을 하지 않고 제쳐두는 것이다. 가난과 부유함은 부족과 넘침의 다른 이름이다. 부족함이 있는 사람은 부유하지 않고, 부족함이 없는 사람은 가난하지 않다. 늙은이는 한때 젊었다. 그러나 젊은이가 노년에 이를 것인지는 불확실하다. 따라서 성취된 좋은 것은 장차 있게 될 불확실한(좋은) 것보다 더 좋다."

많은 희랍 철학자들의 아포리즘은 동양의 격언과 같은 것이 많다. 예나 지금이나 서양이나 동양이나 사람이 사는 것은 비슷한가 보다.

혼란스럽고, 가치관이 흔들리고, 감정의 기복이 심할 때는 스토아 철학의 아파테이아(평정심)를 생각한다. 에픽테토스는 1~2세기경에 로마에서 여성 노예의 아들로 태어나 운명적 불행을 즐기며 살았던 철학자다. 21세기 기준으로는 말이 안 되는 서술이지만, 최대한 봐줘서 노예의 아들이면서도 철학을 실천한 학자로 살아간 사람이란 의미로 받아들인다. 어떻게 이렇게 살아갈 수 있었을까? 답은 스토아 철학에 있다고 믿는다.

《엥케이리디온》은 기독교적 금욕주의와 도덕에 관한 내용을 담은 도덕 규칙과 철학 원리를 담고 있는 선집이다. 스토아 철학 일부로 다음의 글을 기억하라고 한다.

"모든 욕구는 다음과 같은 질문에 대면해야 한다. 나의 욕구가 충족되면 나에게 무슨 일이 생길까? 만일 그것이 성취되지 않으면 나에게 무슨 일이 생길까?"

기원전 300년경에 시작되고 로마 철학자들이 실천한 스토아 철학을 현재 생활에서 실천하고 그 경험을 현대적으로 해석하면, 평정심을 유지하는 것이 삶에서 행복에 이르는 가장 확실한 방법이라고 전한다. 종종 최악의 경우를 상상하라며 '부정적 상황 설정법'을 통해 평정심을 찾으라 한다. 목표의 내면화를 통해 평정심을 유지하고, 과거 때문에 후회, 분노하지 말고 미래로 미루지 말며, 현재부터 평정심을 찾도록 노력하라 한다. 자발적 불편함을 경험해보라고 권유하며, 행복은 서두르지 않고 매일 매일 실천함으로써 스토아 철학이 나의 평정심을 유지해줄 것이라 안내한다.

데카르트가 제시한 행복한 삶을 가능하게 해주는 실천 원칙도 스토아 철학과 무관하지 않다.

"언제나 부를 정복하기보다는 자기 자신을 정복하고, 기존의 질서보다는 나의 욕망을 바꾸려고 노력하며, 자기 생각 외에는 그 무엇도 온전히 통제할 수 없음을 믿으며, 그럼으로써 외적 문제를 해결하려 최선을 다하고 나면 더 할 일이 없다는 그것을 믿어라."

화와 짜증, 분노가 잦고 주기적으로 다가와 스트레스를 받을 때 분노를 다스리는 방법에 수긍하며, 노년을 어떻게 맞이하고 준비하여야 하는가에 대해 공감한다. 나이 들어도 철이 덜 들었다고 느낀다면 스토아 철학을 만나보아야 한다.

로마 황제 마르쿠스 아우렐리우스의 《명상록》이 지금도 읽히는 이유는 분명하다. 모든 것은 나로부터 원인이 있으며, 죽음은 탄생과 같이 긴 시간 일부이기에 주저하거나 두려워할 것이 없다고 한다. 황제였던 그가 살아오는 과정에서 받은 도움에 대한 진심 어린 감사를 표현하였고 이성에 맞게 생각하고 행동했다. 모든 것은 변하니 두려워하지 않았으며, 공동체의 이익을 위해 행동하자 다짐하고 실천하였다. 부러울 것 없는 로마 제국의 일인자가 양심적이며 실천적인 황제로 거듭나기 위해서 끊임없이 자신을 채찍질한 신독(愼獨)의 경지를 볼 수 있다. 스토아 철학을 실천하는 삶을 살았기에 현재까지도 울림이 이어진다.

독서로 철학을 만나 배우며 평상시에는 스토아 철학에 기대에 평정심을 유지하려 노력한다. 어려움에 닥쳤을 때는 실존주의 철학에 힘을 입어 일어서려 애쓰며 살아간다.

철학의 출발점은 '나' 다. 자연과 신이 철학의 출발점이었던 고대, 중세를 지나 19세기에 헤겔과 마르크스가 역사에 어떤 법칙이 있을 것으로 생각했다. 19세기부터 20세기까지 니체는 생의 철학, 사르트르는 실존철학이라 부르는 나(인간)에서 출발한 것으로 본다. 자연, 신, 역사를 거쳐 '나(인간)' 가 철학의 출발점이 된 것이다. 서양 철학이 그랬듯이 동학의 인내천이나 유학의 인

(仁)도 결국은 나(인간)에 대한 것이 아닌가.

실존주의를 이해하기란 쉽지 않아 사르트르의 무신론적 실존주의 이해를 도울 몇 가지 개념부터 정리하자. '기투(project)' 란 인간이 현재를 넘어서 미래를 향해 자신을 던짐으로써 자신의 삶을 만들어 가는 것이다. 인간 실존은 결코 그 어떤 것에 의해서도 구속되거나 결정되는 법이 없다. 따라서 인간은 자유롭다. 자유는 인간 실존 그 자체를 말하는 것이다. 인간이 전적으로 자유롭기에 자신이 하는 모든 일에 대하여 책임지며, 불안을 느낀다. 그래서 자유가 불안과 짝을 이룬다. '불안' 이란 인간이 자기가 자유롭다는 것을 의식할 때 필연적으로 갖게 되는 감정이다. 불안은 그 어떤 것에도 의지하지 않고 자유롭게 선택하는 나, 그래서 자신의 선택에 전적으로 책임을 지는 나를 의식할 때 인간이 필연적으로 갖게 되는 감정이다. 불안은 인간 실존의 조건으로부터 비롯된, 대상 자체가 없는 감정이다. '홀로 남겨짐' 이란 세계 속에 피투되어 자신과 자신의 행동에 전적으로 책임을 질 수밖에 없는 인간의 실존 조건이다. '절망' 이란 인간은 홀로 남겨졌고, 인간에게는 그가 의지하고 기댈 그 어떤 본질이나 가치도 주어져 있지 않은 상태다. 절망이란 인간 실존으로부터 비롯된 이런 구조적인 상태다.

인간은 태어나면 누구나 남들이 사는 대로 따라서 살게 되어 있다. 하지만 어느 한순간, 그러한 삶이 자기에게 무의미하다는 것을 알아차리는 위대한 의식의 순간을 경험한다. 그때부터 비로소 자신의 삶을 스스로 선택하고, 자기 자신에게 의미 있게 살아가야 한다는 것. 즉 정말 자기답게 살아가야 한다는 것을 알게 된다.

이렇듯 더 남들이 사는 대로 따라서 살지 않고, 마치 하얀 종이 위에 그림을 그리듯이 매 순간순간을 스스로 선택하고 결정함으로써 진정한 자기로서 살아가는 것을 철학에서는 '실존한다' 고 하는데, 한마디로 진정한 자기로서 산다는 것이다. 아무리 지겹고 힘든 일이라고 해도 그것을 그저 따라서 하는 것이 아니라, 스스로 선택하고 결정해서 하면 전혀 달라진다. 지겹고 힘들어서 사는 것이 무의미하다고 생각될 때마다 죽음 앞에 미리 달려가 보면 모든 것이 달라 보인다. 지금까지 그렇게 중요하게 생각했던 일이 하찮은 일로 변하기도 하고, 그 반대로 하찮게 생각했던 일이 매우 중요하게 생각되기도 한다.

카뮈는 아무런 보람도 희망도 없는 무의미한 삶을 인간이 가장 참기 어려운 고통으로 본다. 그런 고통스러운 삶을 '시시포스의 형벌' 로 표현한다. 시시포스나 우리는 두 가지 선택을 할 수 있는데 '희망을 잃지 않고 사는 것' 과 '자살하는 것' 이다. 자살은 죽음과 함께 모든 문제가 끝나버리기 때문에 문제를 없애 버리는 것일 뿐 해결하는 것이 아니다. 그 해결 방법은 '사막에서 벗어나지 않는 채 그 속에서 버티는 것'이다. 사막에서 버티기란 '부질없는 희망을 품지 않는 법을 배우는 것이자, 오지 않는 구원에 호소함 없이 사는 것'이라 했으며 자살로써 회피하거나 기권하지 않고 사는 것이다.

17세기 스페인 철학자이자 가톨릭교회의 신학 교수 발타자르 그라시안의 《세상에서 가장 이기적인 조언》은 부족하고 외로운 독자에게 위안과 희망을 주는 아포리즘을 선물한다. 실천이란 당위성은 미뤄두더라도 냉정한 태도로 나를 점검해보는 기회로 삼을 수 있다. 역사적 시차에도 불구하고 그라시안의 조언은 실존주의와 중첩하는 부분이 있다.

"처세술은 도서관에 있는 것이 아니다. 수많은 경험이 삶의 길을 밝힌다. 지혜 없는 용기는 무모하고 용기 없는 지혜는 무기력하다. 계획이 어중간하면 결과도 어중간할 수밖에 없다. 별 생각 없이 내뱉은 말이 오늘을 망친다. 꽃길도 가시밭길도 스스로 결정하는 것이다. 겉모습에 속지 마라. 포도주병의 상표를 바꿔 붙이는 일은 너무나도 쉽다. 적게 노력하고 많이 얻는 방법은 그저 예의를 지키는 것이다. 고생과 노력의 티를 과하게 내는 사람은 존경받기 어렵다. 결점을 지적하고 약점을 들쑤셔 봤자 내게 땡전 한 푼 돌아오지 않는다. 말은 짧게 할수록 좋다. 아무리 훌륭한 자질이라도 계속 갈고닦아야 장점이 된다. 실수했다면 반성하라. 머지않아 감당할 수 없게 될 테니. 현실 도피를 위해 운명이라는 이름을 빌리지 마라. 기회의 여신은 인내한 사람에게만 미소를 짓는다. 배움을 게을리하는 사람은 바보로 살게 되고, 겉모습을 가꾸지 않는 사람은 환영받지 못하는 삶을 살게 된다."

에리히 프롬은 《소유냐 존재냐》를 통해 인간은 '무한한 진보와 위대한 약속'(자연의 지배, 물질적 풍요, 최대 다수의 최대 행복, 방해받지 않는 개인적 자유 등)을 이미 이룬 것처럼 보이지만, 만연한 이기주의, 인간의 탐욕, 자연과 적대적 관계 등이 우리를 곧 좌절하게 할 것이라 본다. 현대 사회의 여러 문제를 풀고, 좌절하지 않기 위해서는 새로운 윤리와 인간의 가치와 태도에 근본적으로 변화가 있어야 한다고 강조한다. 그런데도 당장 치러야 할 희생이 두려워 다가올 재난을 알면서도 막으려 노력하지 않는다고 안타까워한다.

"나의 본성은 내 이웃이 결정한다."

이 문장에서 막혔던 가슴이 터지고, 답답함이 사라지며 '아! 그래, 그래' 라고 생각할 수 있었다. '연기적 사유' 를 이해했기 때문이다. 책이란 독자가 읽었을 때 책이다. 가지고만 있으면 책이 아니라 짐이거나 스트레스일 뿐이다. 좋아했던 남자의 변심을 원망하고 안타까워하고 붙잡아두고 싶지만 그렇게 하지 못하는 것이 '연기' 를 받아들이지 못함이다. 연기(緣起)란 어떤 조건에 연하여 일어남이고, 어떤 조건에 기대어 존재함이다. 그 조건이 없으면 존재하지 않음, 사라짐이다.

연기적 사유는 모든 형이상학적 사유와 결별한다. 《주역》의 '모든 것은 변한다' 와 같은 변화를 긍정함을 토대로 한다. 그러니 불변한 것을 찾으려는 서양의 형이상학은 설 자리가 없어진다. 어떤 조건에도 변하지 않는 본성이나 실체 같은 건 없다. 하나의 같은 사물이나 사실조차 조건이 달라지면 그 본성이 달라진다. 신혼 초기에 남편과 아내의 모습이 10년, 20년 후에 같기를 기대하는 것은 바보짓이다. 연기적 사유는 같은 것조차 조건에 따라 본성이 달라짐을 볼 수 있다는 것이다.

'업' 이란 하던 것을 계속하게 하는 성향으로 관성적인 잠재력이 포함되었다. 업은 본성이 아닌 것조차 반복되면서 본성처럼 몸과 입, 의지에 달라붙어 관성적인 언행을 만들어낸다. 연기적 조건의 차이에 업의 힘이 끼어들어 변화를 만들어간다.

불교의 가르침 중 하나가 제행무상(諸行無常)이다. 상이란 조건이 달라져도 동일성을 유지하는 것이고, 무상이란 동일성이 없음, 동일성에 반하는 '차이'가 있음이다. "무상을 본다는 것은 같아 보이는 것조차 끊임없이 달라져 가고 있음을 봄이다." 무상을 보지 못하고 동일성을 유지하려 할 때 애착과 집착이 일어나 고통을 느끼고 고통을 받는다. 차이에서 출발하는 불교 철학은 차이에서 생긴 다양성을 긍정적으로 받아들이고, 동일성에 가두려는 힘에 대항하며 차이를 긍정할 것을 요구한다. 여기서 프랑스 과학 철학자 가스통 바슐라르가 말한 "모든 진실은 연속된 오류의 수정이다"라는 문장은 제행무상의 바다에서 건진 대어라는 생각을 한다.

"자아가 강하면 빨리 늙는다"를 풀어낸다. 자아는 환경이나 관계 등 외부와의 만남에 의해 그때마다 만들어지는 잠정적인 안정성이라 본다. 행동 패턴은 익숙해진 일상생활을 쉽고 편하게 해주는데, 이는 새로운 상황에서 선택할 수 있는 폭이 패턴 안에 제약된다. 삶의 가능성이 '나'라고 불리는 성격이나 패턴에 갇히게 되는 것이다. 오십 정도가 되어야 자아가 안정된다는 말은 자아에 갇혀가는 시기라는 말이다. 자아가 강하다는 것은 나와 남에게 자랑거리가 아니다. 남에게 폐가 되고, 나에게 안타까운 어떤 상태를 표시할 뿐이란다. 그렇기도 하다.

'도' 라는 지혜는 선악호오(善惡好汚), 미추정사(美醜正邪)를 분별하지 않는 것이 요체다. 분별은 모두 '나' 의 기준을 척도로 행해진다. 호오미추의 척도를 내려놓고 애증을 내려놓을 때, 비로소 저 사람이 하는 얘기가 들리고 그가 왜 저런 생각을 하는지 이해할 수 있게 된다. 그러니 분별하지 말라는 뜻은 호오미추의 판단을 떠나야 제대로 판단할 수 있다는 말이다.

"가까운 자가 아니라 멀리 있는 자를 사랑하라."

어떻게 살아야 하는가? 우리가 만나는 이들에게 최대한 기쁨을 주고 최대한 슬픔을 덜어주며 살라는 거다. 나와 가까운 사람에게 베푸는 자비와 사랑은 집착이다. 연민 없이 사랑하라는 말은 동정이나 연민에는 주는 자와 받는 자의 비대칭성이 전제되어 있음을 본 것이다.

일체유심조(一切唯心造)란 "내가 가진 마음이 일체를 만드는 것이 아니라, 내 마음 밖에서 내게 다가온 연기적 조건이, 그 조건 속에 스민 마음들이 나의 마음을 만들고 모든 것을 만든다"는 가르침이다. 불교를 종교보다 철학으로 이해하고 안내하는 불교 철학 기본서 격인 이진경의《불교를 철학하다》를 읽어 배운다.

## 철학을 보는 관점에 대하여

외부의 시각에서 21세기 한국 사회는 산업화와 민주화에 성공했다고 평가한다. 내부의 평가도 크게 다르지 않다. 다만, 조선 시대를 이끌어간 유학, 유교 사상이 가진 시대적 한계가 무엇이고, 유학이 우리에게 전해주는 보편 메시지가 무엇인가를 성찰해 이어갈 것을 찾아야 하지 않을까. 더는 미루지 말고.

"자기가 원치 아니하는 바를 남에게 베풀지 말라(己所不欲勿施於人)"는 공자의 가르침은 시공을 초월한다. 오늘날의 기준으로 과거의 사상을 깎아내리지 말아야 한다. 아리스토텔레스를 두고 자유민주주의자가 아니라는 비판은 어불성설이다. 이는 독일 철학자 카를 야스퍼스가 '축의 시대(Axial Age)' 라고 부른 시기에서 영감을 얻으라는 말과 같은 맥락이다. 카렌 암스트롱은 《축의 시대》에서 인류는 한 번도 축의 시대의 통찰을 넘어서지 못했다고 하지 않았는가.

중등학교 교육과정에서 철학은 선택과목이다. 극히 일부 학교에서만 철학을 배운다. 철학하기를 배울 기회가 많아져야 한다. 조로아스터교의 교리 중에서 선과 악의 대결, 최후의 심판, 천국과 지옥, 구세주 등의 내용이 유대교, 기독교, 이슬람교, 대승 불교에도 영향을 미쳤음을 학교 교육은 소홀하게 취급했다. 물론 니체의 철학이 조로아스터교의 영향이었음을 밝히는 역사책은 지금도 없다.

"그리스의 철학과 헬레니즘의 과학은 이슬람 세계에 의해 계승, 발전된 뒤 유럽으로 역수출되었다."

이 기술은 서구 중심 역사관에서 벗어난 객관적 기술이다. 313년 밀라노 칙령으로 기독교가 공인된 의미를 "국가의 보호를 받는 대신에 국가를 유지하는 데 기여"함까지가 배운 바인데 "다른 사상이나 종교를 억압하는 위치에 서게 된 것"이라고 평가하는 것은 철학하는 힘에서 나온다.

신과 교회의 권위, 절대왕권의 억압이라는 답답한 사회 현실에 분노한 유럽 지식인들이 중국 철학에 관심을 가졌다. 볼테르는 공자와 유교의 도덕 정치를 이상적 정치 철학으로 여겼고, 중국은 유럽의 철학과 제도가 지닌 문제를 정확히 짚어낸 거울이자 도덕적 · 정치적 개혁의 모델이었다는 점도 기억하면 좋겠다.

철학하며 우려하기는 종교적 확신과 철학적 확신이 확증편향을 키울 수 있다는 점이다. 자신의 능력 범위를 파악하고 그 안에 머물러야 한다. 범위가 얼마나 큰지보다 범위의 경계가 어디까지인지 아는 것이 중요하다. 상황이 분명치 않으면 가만히 있는 게 좋다. 중간은 간다지 않는가.

어떻게 철학하기를 시작할까. 철학 서적에서 만난 철학자 중 많은 이들이 걷기를 일상으로 여겼다. 소로는 하루에 적어도 네 시간 이상 걸었다. 월든 호숫가에 살 때 소로가 걸은 것은 어디론가 가려 하기보다는 낯선 것에 다가가기 위해서였다. 걷기는 관찰과 반추의 원천이자 영감의 원천이기도 하다. 니체도 한평생을 걸었다. 시각을 다양화하기 위해서였을 것이다. 칸트, 키르케고르, 비트겐슈타인도 걷기를 즐긴 철학자다. 걷기로 철학하기를 시작해보자.

# 브리지 오브 이슬람

《개척하는 지성》은 '뉴노멀에 준비할 때' 라고 선언한다. 준비를 위해서 포기할 줄 알기, 열린 마음의 포용성, 도전하는 자세를 조건으로 제시한다. 이를 위해서 자신만의 개척하는 지성의 능력을 키우라고 조언한다. 기득권으로 평생 보장을 받으려는 생각을 빠르게 포기해야 뉴노멀에 적응할 수 있다. 이와 같은 자세는 개인이나 21세기 한국에 꼭 필요하다. 뉴노멀에 적응하기 위한 조건 중 '포기' 와 '포용성' 을 예로 들어본다.

청일전쟁과 러일전쟁에서 승리한 일본은 함포사격을 중요한 승리 요인으로 판단했고 함포를 확장했으나 미국이 가진 레이더를 알지 못했기에 패전했다. 이에 견주어 몽골 제국과 아랍 세계는 개방적이었다. 오늘날 미국의 개방성은 저력을 만들고 이를 토대로 성공을 위해 도전한다. 역사상 제국은 타민족에게 얼마나 개방적이었는가에 달렸었다.

8세기부터 10세기까지 약 300년 동안 아랍 세계의 개방적 이슬람은 후에 중세 유럽을 깨웠다. 중세 유럽은 로마 가톨릭이 지배하는 이른바 '암흑의 시대' 였다. 이 시기에 이베리아반도의 유럽인, 특히 스페인에서는 이슬람의 과학과 문화를 적극적으로 수용한다. 스페인이 이슬람의 재배를 받고 있었기 때문이다. 전제로 이슬람의 과학이 발달하여 일정 수준에 올라 있었기에 가능한 일이다.

우선, 우리가 알고 있던 이슬람 세계에 관한 지식의 오류 하나를 바로잡아 본다. 히잡은 머리카락과 목을 가리는 헤어 스카프이고, 니캅은 눈을 제외한 온몸을 가리는 복장이다. 히잡이 여성을 억압하는 상징으로 알고 있지만, 이란 · 터키 · 인도네시아 · 이집트 등에서 히잡 착용은 '여성 해방' 의 상징으로 금지되었다. 국가가 국책으로 히잡을 벗겨낸 것이다. 독재에 맞서 민주화 운동에 투신한 열혈 여성부터 히잡을 다시 쓰기 시작 했으니 억압은커녕 저항의 상징이었다. 히잡 패션은 2000년 이후 급성장한 신종 산업이다. 히잡 착용에 관한 이슬람 여성의 항변은 일리가 있다.

"답답한 것은 너 같은 엉큼한 수컷일 뿐이다. 흘끼거리는 남성의 끈적끈적한 시선에서 벗어날 수 있다. 유행, 소비주의에 따라가지 않아도 된다. 샴푸, 린스, 컨디셔너를 매일 쓰지 않아도 되고, 염색과 드라이에 걸리는 시간과 비용도 들이지 않아도 된다."

니캅이 선사하는 해방감은 "타인의 시선, 평판에서 완벽하게 차단된다"라는 것이다. 《유라시아 견문Ⅱ》가 전하는 현실이다. 알-자지라 방송을 시청할 수 있다면 제국주의의 프로파간다를 구별할 수 있겠다. 이슬람에 관한 여러 가지 무지와 오해는 인류 문명에 대한 올바른 이해를 방해한다. 근원을 따져보면 서구 문명 중심주의가 오해하도록 만든 것이다.

학교 교육을 통해 이슬람을 '한 손에는 코란, 한 손에는 검'이라는 폭력 종교로 기술하고, 근대의 이슬람 부흥 운동을 '이슬람 근본주의'라며 호전 종교로 몰아붙이는 것은 서구에서 만든 관점이다. '알코올'이란 단어가 아랍어에서 시작돼 현재까지 사용한다는 수준의 아랍에 대한 이해는 서구 중심의 교육을 받은 우리에게 어쩌면 당연하다.

## 이슬람 세계의 학문 발달 배경

이슬람 세계의 황금기를 연 사람들은 8세기 중반에서 9세기 전반까지 바그다드를 중심으로 이슬람 세계를 건설한 아바스 왕조의 칼리프들이었다. 그들은 과학과 학문을 장려하고 각지의 학자와 사상가들을 불러모아 후원했으며, 고대 그리스, 힌두, 페르시아의 학문 전통을 계승하려고 노력하였고 고전 번역에 힘썼다.

《그리스 사상과 아랍 문명》에 따르면, 아랍 8세기부터 10세기까지 알 만수르, 알 마흐디, 알 마민 치세에 아랍인이 그리스어와 페르시아어, 아람어, 시리아어 등으로 기록된 서적들을 아라비아어로 번역했다. 번역 운동이 활발하게 유지된 배경은 세 가지다. 첫째, 이슬람교가 코란과 순나에 대한 최종 판단은 칼리프에게 있다는 종교적 담론을 확립하기 위하여 그리스 철학 서적을 번역하였다. 둘째, 알 만수르가 꾸었다는 아리스토텔레스 꿈 일화에서 볼 수 있는 아리스토텔레스에 대한 존경도 번역 운동의 방향성을 갖게 하였다. 셋째, 당시 유럽 세계와 아랍 세계의 수준 차이가 작지 않았다.

12세기까지 중세 유럽에서 자연철학을 엿볼 기회는 전혀 없었다고 해도 지나치지 않다. 중세 기독교들에는 오직 신만이 일상생활의 유일한 결정 요인이기에 사물의 본질을 탐구할 이유가 전혀 없었고, 따라서 과학이 존재할 이유도 전혀 없었다. 유럽에서 양피지에 글을 쓸 때, 다마스쿠스 서적 시장은 책 말고도 잉크, 갈대 펜, 고급 종이에 이르기까지 문예 교육에 필요한 다양한 물품을 팔았다.

9세기경부터 150년이라는 시간 동안 아랍인은 과학과 철학을 다룬 그리스 책이라면 구할 수 있는 대로 모두 구해 번역했다. 아랍어는 그리스어를 밀어내고 보편적인 과학 언어가 되었고, 이슬람 도시에는 대부분 어떤 형태로든 대학교가 있었다. 런던에 공공 조명 시설이 출현하기 700년 전 가로등과 시내 포장도로, 풍족한 공공설비를 갖추고 있었다. 코르도바의 외과 의사들은 이슬람교 사원에서 생선 뼈를 갈아 만든 도구를 이용해서 백내장 수술을 성공적으로 마쳤다고 한다. 10세기의 코르도바를 여행하고 싶다. 10세기경이 되면 번역 운동이 끝나게 되는데 이때가 되면 과학 · 철학적 연구가 바그다드와 다른 곳의 수요 대부분을 채우고 자립하는 수준에 이르기 때문이다.

《번역과 일본의 근대》에서 메이지 유신 이후 일본이 '탈아입구' 를 외치며 영국, 프랑스, 독일의 책을 번역한 것은 아마도 이 시기 아랍 학자들의 그리스 고전 번역 작업과 같은 맥락이라고 본다. 메이지 유신의 성공이 성공적인 번역 운동과 함께 진행되었음과 영 · 정조 시대에 규장각을 중심으로 성행한 학문 활동을 떠올린다. 단일한 사건이나 현상이 세상을 변하게 하기도 하지만 역시 세상의 변화는 개방성이라는 전반적인 분위기의 변화와 함께 진행된다.

## 이슬람 세계의 학문 수준

《유라시아 견문》의 저자는 문학은 《천일야화》, 역사는 이븐 할둔의 《역사서설》, 철학은 《코란》을 아랍어 문 · 사 · 철로 소개한다. 《역사서설》은 14세기 이슬람 세계의 대표적인 지성, 이븐 할둔의 저작이다. 서론과 3부로 구성되었다. 서론에서는 역사학의 장점과 방법론을 제시하고, 역사가들이 범하는 실수를 예를 들어준다. 1부는 문명과 그 근본적 특징 및 이를 가능케 하는 원인과 이유를 논한다. 2부는 천지창조에서 14세기까지 아랍인의 역사와 종족과 왕조를 다룬다. 3부는 베르베르족의 기원과 마그리브 왕가와 왕조를 다룬다. 김호동 번역의 《역사서설》은 원서의 서론과 제1부만 옮긴 것이다. 전체의 1/7을 옮긴 이것만 해도 542쪽 분량이니, 전체를 옮긴다면 4,000쪽에 이르는 어마어마한 분량이다. 600년 전에 이렇게 방대한 분량의 역사서를 썼다는 게 믿기지 않는다.

'연대 의식'은 이븐 할둔의 문명론에서 중요한 개념이다. 그에 의하면 연대 의식은 정주 생활을 하는 도시민이 아니라 황야와 초원에서 사는 유목민이 소유한 것이다. 그들은 강력한 연대 의식을 통해서 정복을 완성하고 도시와 국가를 건설하며, 이 도시와 국가를 토대로 문명이 탄생, 발전한다. 그러나 처음에는 강력한 연대 의식을 가졌던 그들이 도시 생활과 사치에 물들게 되면서 그것을 점차 상실하고, 결국 더 강력한 연대 의식을 지닌 다른 집단이 건설한 국가에 의해서 붕괴하고 만다. 이처럼 이븐 할둔은 연대 의식의 성장과 쇠퇴로 국가와 문명의 흥망성쇠를 설명한다. 19세기 20세기 초 국가 유기체론도 이븐 할둔의 사상 속에 씨앗이 있었던 것이 아닐까?

983년에 카이로에 개교한 아즈하르 대학은 세계에서 가장 오래된 대학으로서 현재까지 전통 이슬람 문명의 계승과 향상에 명실상부한 견인차 구실을 하고 있다. 오늘날까지도 유럽인에게 이슬람으로부터 받은 가장 큰 혜택이 무엇인가 물으면 으레 의술이라 대답한다. '지혜의 집' 은 9세기 바그다드를 중심으로 아시아, 북아프리카에 광대한 제국을 건설한 아바스왕조의 칼리프들이 세운 도서관이다. 아랍은 《싯단타》라는 인도 책에서 천구, 별, 사인함수 등 힌두 지식을 받아들였고, 아랍은 사인과 코사인, 탄젠트와 코탄젠트, 시컨트와 코시컨트를 발견했다.

《지혜의 집》은 서양인이 고대 그리스의 유산을 직접 계승했다고 주장하는 불편한 진실을 걷어내고 진실을 밝힌다. 비잔틴 제국의 몰락 이후 이탈리아로 흘러 들어간 학자들의 영향이 이탈리아에서 르네상스가 시작된 주된 요인 중 하나로 배웠으나 진실이라 말하기 어렵다. 12세기부터 13세기까지 중세 유럽은 아랍의 과학기술에서 실용성을, 아랍 학문에서 과학 정신을, 아랍 철학에서 르네상스의 씨앗인 이성을 찾았다. 아랍의 과학과 철학은 기독교 세계를 무지에서 구하고, 서양이라는 개념 자체를 가능하게 했다.

《생각의 역사》에 의하면 8세기에 약국의 개념이 탄생한 곳이 아랍이고, 바그다드에서는 약사 시험에 합격해야만 약을 짓고 처방할 수 있었다. 공중보건의 관념도 아랍인에게서 나왔고, 의사들은 환자를 방문해 주변에 전염이 될 만한 질병이 있는지를 조사했다. 의사 알라지는 천연두와 홍역을 처음으로 설명했다. 이슬람 의사 이븐 시나가 쓴 《의학 정전》은 아라비아와 그리스의 의학 사상을 집대성한 것이다. 12세기 라틴어로 번역되어 적어도 17세기까지 500년 이상 유럽의 의학교에서 기본 교과서로 사용되었다. 9세기 후반 바그다드에는 서점 100여 군데가 같은 거리에 밀집해 있었다고 한다.

이슬람교도들이 마호메트 다음으로 중요하게 여기고 존경하는 인물은 알가잘리다. 알가잘리는 《종교학의 부활》을 통해 이슬람교의 기둥, 일상생활, 열정과 욕망, 신에게 가는 길을 이야기한다. 알가잘리 이후에는 수니파 이슬람교(코란과 마호메트의 일상 행동이 충분히 안내가 된다는 믿음)가 득세하게 되었다.

## 이슬람 세계의 학문을 수용한 주체

유럽에서 누군가는 아랍의 학문을 수용하는 과정에서 역할을 했으리라. 당시 기독교가 지배하던 유럽에서 이슬람 세계의 학문을 가져온다는 것은 일본이 정부의 적극 지원 아래 서양 과학기술과 학문을 수용한 것과는 다르게, 용기가 필요한 일이었다. 파리대학교에서 아랍 학문을 논하는 것이 금지되고, 교수가 쫓겨나거나 암살당했던 사실로부터 쉽게 알 수 있다. 그래도 용감했던 기독교도들이 있었다.

영국인 애덜라드는 지중해 동부 옛 시리아 도시인 안티오크와 같은 아랍지역으로 학문을 배우러 먼 길을 나섰다. 아랍에서 이미 300년 전에 아랍어로 번역된 유클리드의 《원론: 기하학》과 프톨레마이오스의 《알마게스트: 천문학 교과서》를 라틴어로 번역하였고, 아스트롤라베라는 천체관측기구 사용법을 서양에 소개했다. 시칠리아의 노르만족 지배자 루지에로 2세는 아랍학자들을 시칠리아로 불러들여 70여 권에 달하는 아랍어 문헌을 라틴어로 번역하여 무식했던 유럽에 던져주었다. 루지에로 2세의 손자 프레데릭 2세도 할아버지 못지않게 아랍 학문을 인정하고 후원했다. 그 후원 속에 영국인 마이클 스콧은 아리스토텔레스 철학을 계승하고 발전시킨 아랍 사상가 아비센나와 아베로에스의 주요 저작들을 번역하여 유럽을 꿈에서 깨도록 했다. 이븐 루슈드는 12세기 스페인의 아랍계 이슬람 철학자로 아리스토텔레스 저서에 대한 대부분의 해설서를 쓴 최고의 주석가로 13세기 이후 라틴 세계에 학문적으로 아베로에스파를 탄생시킨다. 아베로에스(아베로스)는 이븐 루슈드의 라틴어 이름이다.

서양 사상에 미친 영향의 측면에서 아베로에스가 중요하다. 그의 사상과 저작은 아리스토텔레스와 플라톤을 코란과 조화시키려 했고, 이성과 계시의 역할을 조화시키려 했으며, 다양한 인구 계층을 지성과 교육에 따라 구분하려 했다. '코란의 말씀을 전부 말 그대로 받아들여서는 안 되며, 코란의 문구가 철학의 합리적 진리에 어긋나면 그것은 은유로 이해해야 한다' 고 말했다. 1470년대에 베네치아에서 아베로에스의 책이 50여 종이나 출판되었으며, 아베로에스주의는 유럽의 손꼽히는 대학들에서 교과과목으로 채택되었다. 13세기 말에 이르면 아라비아 과학과 철학은 대부분 유럽에 전해졌다. 아라비아의 수학, 천문학, 의학, 철학은 서양 학문의 초기에 중대한 역할을 했다.

아랍인이 아라비아어로 고대 그리스의 과학과 철학을 계승 · 발전시켰다. 비잔틴 지역에서 아랍의 수준 높은 발전에서 자극을 받아, 아라비아어로 번역된 서적을 가져다가 고대 그리스를 연구하게 되었다. 이를 '비잔틴 인문주의' 라 부르며, 후일 이탈리아 르네상스를 풍성하게 하는 원인이 되었다는 것이 진실이다. 마키아벨리가 이슬람 서적인 《역사서설》을 읽고 사회과학에 눈을 떴고, 《데카메론》과 《신곡》도 안달루시아의 만화작가 이븐 알-아라비의 작품을 모방한 것이며, 《로빈슨 크루소》의 원작이 《신드바드의 모험》이라 한다. 《돈키호테》조차도 아랍 역사가가 쓴 책이 원작이다. 이는 이베리아에서 이슬람이 쫓겨난 후 기독교도들이 1499년 안달루시아의 그라나다 광장에서 200만 권으로 추산되는 아랍어로 된 책을 태운 이후 필사본을 들고 탈출한 이슬람들이 있었기에 드러났다고 한다.

## 오늘날의 이슬람 세계 모습

중세 유럽을 깨웠다는 이슬람 세계는 근현대를 어떻게 통과하고 있는가?

19세기 러시아와 오스만제국 간에 벌어진 여러 번의 전쟁은 그리스 정교와 이슬람 간의 충돌이다. 1920년 오스만제국의 그리스 정교도 130만 명은 그리스 영토로, 그리스에 살던 이슬람 60만은 터키로 이주했다.

소련이 1979년 아프가니스탄에 개입한 것은 미국이 두려워서가 아니라 이슬람의 각성을 두려워했기 때문이다. 상트페테르

부르크 대학은 1991년 이후에 태어난 신입생에게 《코란》과 《논어》를 읽으라고 가르친다. 러시아인 가운데 2,000만 명이 이슬람이고, 그중 200만 명의 이슬람이 모스크바에 살고 있다. 유럽 최대의 이슬람 거주 도시는 모스크바다.

오늘날 이슬람 세계는 서남아시아와 북부아프리카라는 칼리프 시대 지배 지역을 넘어 중앙아시아와 동남아시아의 말레이시아, 인도네시아, 아프리카의 동부 연안과 사헬 지대까지 넓어졌다. 유럽에서도 이슬람 인구는 사회에 영향력을 발휘할 정도가 되었다.

이슬람 세계 중 인도네시아는 세계 4대 인구 대국이자 세계 최대 이슬람 국가로 아세안의 대표국이며 반둥의 비동맹주의라는 시대정신을 담지한 소프트파워 강국이다. 인도네시아는 만달라(명료한 국가개념과 국경 없이 느슨하게 연계되는 지역)로 존재하다가 20세기 중반에야 국가로 성립했다. 이제는 동남아시아에서 미국, 중국, 일본, 인도의 균형자 역할을 하려 한다. 이슬람회의 기구를 토대로 이슬람 부흥에도 역점을 두며, "미래는 적도에 있다"고 선언한다.

파키스탄의 전환 시대를 연 줄피카르 알리 부토 대통령은 중국 없이는 아시아의 어떤 문제도 해결할 수 없다는 견해를 개진한다. 1974년 라호르 범이슬람회의에서 기독교, 유대교, 힌두교 문명 모두가 핵무기를 보유하고 있는데 이슬람 문명만 보유하지 못하고 있다고 주장하며 이슬람 사회주의를 추진했다. 21세기 들어 파키스탄은 이란과 중국, 이슬람 세계와 중화 제국을 연결하는 관문 국가가 되어가는데 지구본에서 위치를 확인해 보면 정말 그렇다.

말레이시아는 1997년 IMF 사태에 맞서 고정환율제와 자본 통제(IMF의 처방과 정반대로 응수)라는 방법으로 극복했다. 공산주의도 자본주의도 아닌 제3의 길인 '이슬람 경제'로 발전 중이다. 은행 이자는 간통보다 36배 나쁘다는 인식에 따라 이슬람 금융은 위험성을 공유하는 강점이 있다.

할랄은 이슬람 율법이 허용하는 것, 하람은 이슬람 율법이 금지하는 것을 뜻한다. 1994년 말레이시아 정부가 할랄 인증제를 도입한 이후 소비의 할랄화, 할랄의 세계화가 진행되고 있다. 유럽까지 진출한 할랄 산업은 윤리적 소비라는 최신 흐름과 어울리며, 이슬람의 인구 비중과 종교적 열정을 생각하면 영향력이 커질 수밖에 없다.

튀르키예의 에르도안 대통령은 집권 이래 10년 넘게 재이슬람화를 추진하고 있는데 바닥층의 지지가 탄탄하다. 에르도안의 이슬람 민주주의는 약자와 빈자를 먼저 보살피는 것이 이슬람주의 정당으로서 왕도를 실천하는 길이라고 말한다. 이는 이슬람 세계 왕정국가들을 긴장시키고 있다. 이슬람 민주주의가 다른 시대를 제시하기 때문이다.

## 이슬람 세계의 미래 전망

서구 사회에서 기독교의 교세가 약화하고 있어서 이슬람이 21세기 최대 종교가 될 수 있다. 이슬람에서 칼리프는 영토의 지배자이자 전 세계 무슬림 공동체 '움마'의 정치적 지도자다. 이슬람법에 따르면 대통령이나 총리는 규모가 큰 '부족장'에 해당한다. 이슬람 원리주의 차원에서 2016년 알-자지라 방송이 아랍 세계 9개국 대상 여론조사 결과 이슬람법(샤리아)이 국법의 기초가 되어야 한다는 견해에 50~70%가 지지했다. 이는 반수 이상이 재이슬람화에 수긍한다는 의미다. 이슬람을 종교적으로만 볼 것이 아니고, 이슬람은 자유세계에 대한 위협이라는 미국의 시각도 바르지 않다. 자유세계에 대한 도전이 아니다. 이슬람에서 원리주의란 '움마'라는 이름의 공동체를 지향하는 사회 프로젝트를 복원하려는 시도다.

기독교는 물론 유대교와 이슬람교의 공통점은 아주 많다. 서로 다른 방향을 지향하는 이슬람과 서양 사회의 기독교가 교차하는 지점에서 마찰이 생긴 것일 뿐 결코 문명의 충돌로 보는 새뮤엘 헌팅턴의 시각은 이슬람에 대한 오해에서 나온 것이다.

지역 전문가에 따르면 인도네시아는 세계 최대의 이슬람 국가이면서도 개방적이어서 아시아에서 새로운 부국으로 성장하리라 예측한다. 쇠락하는 프랑스어보다는 이슬람 문명의 보편어인 아랍어가 세계어로서의 위상을 누릴 날이 머지않았다고 본다.

# 열 길 물속은 알아도 한 길 사람 속은 모른다

살아가며 분노, 스트레스, 우울증, 강박과 같은 심리 상태를 경험한다. 심하면 번아웃, 자살로 바르게 살아갈 수 없는 사람도 있다. 평소 인간관계에서 생기는 일이니 자기 자신을 돌아보고 단단하게 세우는 일이 중요하다고 여겨왔다. 동양과 서양에서 생각하는 사람의 마음에 대해 다가가는 방법은 다르다. 그래도 같은 목적지를 향해 간다.

## 잃어버린 마음

《맹자》에 실린 다음 문장이 살아가면서 잃지 말아야 할 것을 알려준다.

"사람들은 닭이나 개를 잃어버리면 곧 찾을 줄 알지만, 잃어버린 마음을 찾을 줄 모른다. 학문의 길은 다른 데 있지 않고 잃어버린 마음을 찾는 데 있다(學問之道無他求其放心而已矣)."

이렇게만 행할 수 있다면 더 바랄 것이 없다. 스스로 바꾸고 싶다면 마음부터 지켜야 한다. 배우고자 하는 자세를 습관으로 만들어야 한다. 지식은 시간이 지나면 머릿속에서 사라진다. 그러나 공부하며 축적해갔던 사유의 시간만큼은 머리가 아닌 몸에 새겨진다. 진정한 어른이란 살아온 경험과 겪어온 세월에 휘둘리지 않는 사람이다. 자신을 보지 못하면 눈을 감고 걷는 것과 같다.

"만일 우리가 배불리 먹고 따뜻하게 입으며 평생토록 근심 없이 지내다가 죽는 날, 사람과 뼈가 함께 썩어버리고 한 상자의 글도 전할 것이 없다면, 삶이란 없는 것과 같다. 그런 것을 일컬어 삶이라고 한다면, 그 삶이란 짐승과 다르지 않다."

정약용의 이런 생각은 읽고 쓰는 사람을 위로한다. 성찰 없는 지식의 축적은 무의미하다. 어른이란 많이 아는 이가 아니라, 배운 것을 깊이 고민함으로써 작은 욕망과 세상의 유혹에 쉽게 흔들리지 않는 사람이다.

욕심은 버리는 것이 아니라 다스리는 것이다. 인심(人心)은 감정과 욕망으로 희로애구애오욕(喜怒哀懼愛惡欲)을 가진다. 도심(道心)은 맹자가 말한 선한 천성인 측은지심, 수오지심, 사양지심, 시비지심으로, 이 사단이 있어야 사람이다. 수많은 문장이 나를 깨우고 실천하라 한다.

마음이 물질의 부림을 당하면 짐승이 되는 것이다. 마음을 다스리기 위해 우선 몸가짐부터 정돈해야 한다. 사람은 산에 걸려 넘어지지 않지만, 돌부리에 걸려 넘어진다. 쉽게 이루어진 것 같은 평범함 안에는 무수한 어려움을 거치며 형성된 비범함이 숨어 있다. 짐은 무겁고 길은 머니, 부지런히 그러나 쉬며 가야 한다. 나의 마음이 바뀌면 모든 것이 바뀐다. 모든 것의 시작은 결국 나 자신의 마음에서부터다.

라로슈푸코의 잠언과 성찰을 담은 《인간의 본성에 대한 풍자》는 사람은 자신이 생각하는 것만큼 행복한 것도 불행한 것도 아니라 한다. 행동에 품위가 있어야 하듯이 생각에는 상식이 있어야 한다. 침묵은 자신 없는 인간이 택하는 가장 안전한 방책이다. 세상 사람들 모두가 기억력의 부족에 투덜대지만, 판단력의 부족에 대해서는 불평하지 않는다. 인간과 일은 각기 고유한 관점을 갖는다. 올바른 판단을 위하여 가까이에서 보아야 할 것도 있지만, 멀리 떨어져야만 정확히 판단할 수 있는 것도 있다.

존경하지 않는 사람을 사랑하기는 어렵다. 사랑하지 않겠다는 결심으로 자신에게 가하는 학대는 힘든 고통이다. 무능한 사람은 자신의 능력을 넘어서는 일이라면 무작정 비난해댄다. 재주를 지닌 어리석은 사람은 있어도 판단력을 지닌 어리석은 사람은 없다. 라로슈푸코는 판단력과 사랑을 가질 때 사람이라 말한다.

### 인간관계와 역경

삶에 순경(順境)만이 있을 수 없다고 말하기는 쉽지만, 역경(逆境)에 처하면 삶을 포기하거나 헤어나지 못하고 허우적거린다. 짧은 시간 안에 다시 일어설 힘이 필요하다. 사서삼경이나 불경을 읽어도 내 삶에 맞춰 해석하지 못하면, 그저 경서를 읽었다는 것 외에는 의미가 있다고 말하기 어렵다. 읽는 사람의 수준이 책의 내용을 결정하는 것이다. 우리가 겪는 대부분의 고통은 남과의 비교와 욕심에서 비롯된다. 어차피 나의 인생은 남이 대신 살아주는 것이 아니라 바로 내가 살아가는 것이다. 남의 시선을 의식하며 사는 것은 이미 온전한 나의 삶이 아니다. 여유는 마음속에 있으며 만족으로부터 나온다.

화복(禍福)에는 문이 없다. 다만 자기 자신이 불러오는 것이다. 한 사람의 성공 여부는 그 사람이 어떻게 마음의 평정을 유지하면서 한 걸음 한 걸음 차근차근 과정을 밟아 노력하느냐에 달려 있다. '산중의 적은 물리치기 쉽지만, 심중의 적은 물리치기 어렵다' 고 한다. 연륜을 생각하니 이미 늦은 것은 아닐까 생각할 수 있다. 늦었다고 탄식할 필요는 없다. 정작 탄식해야 할 것은 늙어서도 헛되이 살아가는 것이다. 죽는 것보다 정작 슬퍼해야 할 것은 죽은 뒤에 그냥 잊히는 것인지도 모른다.

역경을 대하는 유연성이 필요하다. 소나기는 온종일 계속되는 법이 없다. 조건이 같아도 주어진 조건을 보는 관점과 풀어나가는 방법은 완전히 달라야 한다. 특정한 시간과 장소, 특정한 상황에서는 장점이 단점으로 변하고, 반면 단점이 스스로 장점이 되기도 한다. 장단점은 영원불변한 것이 아니기 때문이다. 오늘의 실패가 내일의 실패로 직결되지 않는다. 내리막길로 향하는 징후는 최고일 때 나타나고, 새로운 것의 태동은 쇠퇴의 극에서 생겨난다.

역경은 인간관계에서 생긴다. 산이 깊으면 골도 깊다고 한다. 지나치게 다른 사람에게 엄격한 사람은 결국 자신 역시 현실에서 받아들여지지 못하게 되어 고독하게 홀로 남겨지게 된다. '태산은 한 줌의 흙도 버리지 않고, 황하는 아무리 작은 시냇물이라도 마다하지 않는다' 고 하지 않는가. 이 세상에 쓸모없는 사람은 없다.

## 인간은 결국 혼자다

인생을 꾸려나가는 일과 나락에 떨어졌을 때 다시 일어서는 일은 결국 스스로 해내야 한다. 나를 낳아 기른 부모가 먼저 죽음을 맞는 것이 평범한 일이다. 혼자임을 자각할 때 자신을 마주하고 자신의 능력을 키우는 시간을 만들어야 한다.

고독한 시간에 책을 읽고 저자에게 몰입할 수 있다. 고독을 극복하면서 단독자(單獨者)임을 자각할 수 있고, 오로지 혼자서만 도달할 수 있는 지점이 있다. 키르케고르는 단독자란 자유와 주체성을 가진 존재라고 한다. 함께 있다고 다 좋은 영향을 주고받는 것은 아니다. 실제로 친구와 떨어져 각자 자신과 마주하면 함께 있을 때는 알 수 없었던 것들을 느낀다. 타인에게 인정받으려는 태도는 독이 될 수 있다. 세상이 나를 어떻게 보는지, 세상에서 바라보는 나는 어느 정도 위치에 있는지 정확히 파악해야 한다. 어렵게 살다가 재산을 모은 사람은 사업이 망해도 다시 일어서듯 고독한 시기에 자신을 단련한 경험은 자산이 될 수 있다. 자신이 혼자임을 긍정적으로 바라볼 수 있어야 어떠한 시련에도 쉽게 꺾이지 않는다.

혼자 있는 시간에 무엇을 할까. 40대 후반에 직장을 그만두게 될 때를 대비해 사무실 모니터에 붙여둔 글을 본다.

"독서로 10년 후를 대비한다. 평이 나를 죽이고 살린다. 쉽고 정확하게 일한다."

독서를 통해 내가 살아가는 방식이 전부가 아님을 알았고, 전부가 아니면 아무것도 아니라는 흑백 논리로 보는 자세를 버렸다. 스스로 동기를 부여했다. 혼자 있는 것의 힘을 성장을 위한 조건으로 여겼다. 누구에게 휘둘리지 않는 자신을 만들어간다.

## 우리는 시간을 쌓아 간다

파스칼은 《팡세》에서 인간과 신에 대해 논하며 인간이 비참하지 않기 위해 신을 믿으라 한다. 기독교도가 되라고 하니 기독교 호교론이라 평가한다. 종교라는 관점을 벗어놓으면 시간과 사유에 관한 생각은 도움을 준다.

"시간은 고통과 분쟁을 진정시킨다. 사유 없는 인간은 생각할 수 없다. 그는 돌이거나 짐승일 것이다. 인간의 모든 존엄성은 사유에 있다."

세 번 이혼하고 네 번 결혼해 행복과 불행을 다 경험했을 러셀의 이야기에 귀를 기울여보자. 술에 취하는 것은 일시적인 자살이라니, 애주가에게 좋은 평가를 받기 어려울 것이다. 러셀은 사람들이 생존을 위한 투쟁이라고 말하는 것은 실제로는 성공을 위한 투쟁이라 본다. 성공을 위해서 다른 요소들을 모두 희생한다면, 그 성공은 너무 비싼 대가를 치른 것이다. 건전하고 조용한 기쁨을 삶의 조화로운 이상의 한 부분으로 받아들이라

한다. 대부분의 걱정은 그 문제가 대단치 않은 것임을 깨달으면 줄일 수 있다. 내가 최악의 사태를 직시할 때 아무것도 회피하지 않게 되었다면, 걱정은 더는 걱정이 아니다. 인간은 누구나 자기의 관점에서 인생을 생각하지 남의 처지에서 생각하지 않는다. 역지사지란 글처럼 쉽지 않다. 진실이 아무리 불쾌해도 단호하게 진실에 직면하고 진실에 익숙해져 그 진실을 토대로 자신의 삶을 꾸려야 바람직하다.

## 삶을 대하는 태도

중학교도 제대로 졸업하지 못한 헨리 조지는 평생 독서에 힘썼고 독학으로 공부해 《진보와 빈곤》을 남기고 지대조세제를 제안해 세계 사상계의 거목이 됐다. 혁신을 강조한 경제학자 슘페터도 헨리 조지의 사상과 업적을 높게 평가한다. 헨리 조지의 묘비에는 자기 자신을 두고 서약한 글이 새겨 있다. 강한 삶이 쉽지 않은 만큼 영향력은 크고도 오래간다.

"내가 분명히 하고자 노력해온 그 진리는 쉽게 받아들여지지는 않을 것이다. 그것이 가능했다면 오래전에 받아들여졌을 것이다. 그것이 가능했다면 결코 숨겨져 있지 않았을 것이다. 그러나 동지들이 그것을 발견할 것이다. 이를 위해 수고를 할 사람들, 고난을 받을 사람들, 필요하다면 죽기까지 할 사람들, 이것이 진리의 힘이다."

《아라비안나이트》가 들려주는 이야기는 인간의 근심, 전화위복을 대하는 태도란 이래야 한다고 말한다.

"슬퍼하는 이에게 일러주게나.
슬픔은 언젠가 봄눈이 녹듯 하고
즐거움에도 끝이 있게 마련이듯
근심도 연기처럼 사라지리니."

인생의 전화위복을 노래한 시로 위안한다.

"세상만사에는 미리 정해진 때가 있는 법이니, 고난과 번뇌에 빠졌다고 해서 불평하지 마라. 화와 복은 뒤엉켜 늘 함께 있는 것이니, 비탄에 잠길망정 기쁨의 전율도 함께 하리라. 박복한 사람도 언젠가는 축복으로 빛나리니."

**나만의 서사**

장 폴 사르트르는 인생은 B(birth)와 D(death) 사이의 C(choice)라고 한다. 선택이 쌓여 인생을 만든다. 선택이란 결정의 다른 이름이다. 결정을 방해하는 요소를 줄여야 한다. 선택안을 지나치게 제한하거나, 자신의 믿음을 뒷받침하는 정보만 찾거나, 곧 사라질 감정에 휘둘리거나, 자신의 예측을 과신하는 자세는 결정을 바르게 할 수 없다.

자신의 결정이 중요한데 우리는 그동안 아무도 책임지지 않는 사회 · 경제의 문제에 관한 거대담론에 일방적으로 설득을 강요당하며 살아왔다. 문화심리학자 김정운의 눈으로 본 사람의 마음이다. 재독 철학자 한병철은 이를 '서사의 위기' 라고 본다. 그러는 사이 오직 나만이 책임져야 할, 내 구체적인 실존의 문제는 외면하도록 철저히 학습되었다.

SNS에는 공허한 남의 이야기뿐이다. 삶의 재미는 내 이야기가 있을 때 생긴다. 후회가 없어지려면 재미있어야 하고 스킨십을 자주 하라며 "자연스러운 스킨십을 통한 의사소통 과정이 박탈당하면서 에로티시즘의 왜곡이 나타난다"는 앤서니 기든스의 말을 전한다. 문화심리학의 시각에서 사회주의가 망한 이유는 단순하게도 '재미없어서' 라고 해석한다. 사회주의는 구체적인 감각으로 느껴지는 재미와 행복을 생산하는 데 실패했기 때문에 몰락했다고 평가한다. 세상일은 아주 다양한 방식으로 해석할 수 있다. '사르트르의 선택에 재미를 더하라' 는 김정운의 조언은 알 수 없는 사람의 마음에 닻이 될 수 있다.

사람은 자기 생각과 행동을 합리화하기 위해 명분을 찾는다. 의리의 무거움만 알아 깊은 정을 배제하는 데서 독선이 싹튼다. 뼈대가 중요하지만, 살이 없으면 죽은 해골이다. 살을 다 발라 뼈만 남겨놓고, 이것만 중요하다고 하면 인간의 체취가 사라진다. 명분만 붙들고 사람 사이의 살가운 마음이 없어지면, 세상일에 자기주장만 앞세워 살벌해진다.

열 길 물속은 알아도 한 길 사람의 마음은 알기 어렵다. 사람의 마음은 여러 갈래 방향으로 흘러갈 수 있는 감정을 갖는다. 분노가 폭발하는 순간은 논리적 판단을 할 수 있는 전두엽의 기능이 순간적으로 마비된 상태라 만취한 사람과 마찬가지로 이성적인 설득이나 타협할 수 없다.

평정을 유지하는 일이 가장 기본이다. 스토아 철학자 에픽테토스의 잠언과 키케로의 조언이 주는 가르침은 같다.

에픽테토스는 말한다.

“세상이 그를 무시할 때 인내심을 가질 수 있고, 세상이 그를 칭송할 때 평정을 유지하며 타락하지 않을 수 있으려면, 위대한 진리와 영원한 법칙 아래 살아야 한다.”

키케로는 말한다.

“자제력을 가지고 일관되게 평정심을 유지하고, 내적인 만족감을 찾고, 곤경에 처해도 무너지지 않고, 어떤 공포에도 흔들리지 않고, 갈급한 욕구에 흔들리지 않고, 격렬하고 헛된 흥분에 사로잡혀 평정심을 잃지 않는 사람은 그가 누구든 상관없이 우리가 찾는 현자요 행복한 사람이다."

결국, 평정을 유지해야 한다는 것이다. "자기의 마음을 다스리는 자는 성을 빼앗는 자보다 나으리라"는 잠언도 자신에게 중심을 세우라 한다.

16세기 사상가 몽테뉴의 《에세》를 21세기 작가 사라 베이크웰이 자기 삶의 여정에 따라 풀어 《어떻게 살 것인가》를 내놓았다.

"결국, 사는 법을 배우는 것은 결점을 지낸 채 살아가고 결점도 기꺼이 받아들일 수 있는 법을 배우는 것이다. 인생은 그 자체가 목표이자 목적이다. 내가 고양이를 보는 것처럼 고양이도 나를 본다. 내 마음이 확고한 태도를 보일 수 있다면, 나는 에세이를 쓰지 않을 것이고 확고한 결론을 내리려고 할 것이다. 그러나 내 마음은 늘 수련 과정에 있고 시험 대상이다. 우리와 우리의 판단, 그리고 언젠가 죽을 운명을 타고나는 것들은 모두 쉴 새 없이 흘러가고 굴러다닌다. 그러므로 한 사물을 기준으로 삼아 다른 사물을 확실하게 규정할 수 없다. 판단하는 존재나 판단되는 존재가 모두 지속해서 변하고 움직이기 때문이다."

정신과 의사 스캇 펙이 염려하는 '알 수 없는 사람의 마음'은 게으름이다. 게으름은 영혼의 성숙에 가장 큰 장애물이며, 게으름의 주된 형태는 두려움으로 나타난다. 현실을 변화시키는 데 따른 두려움, 현재의 위치에서 더 나아가면 뭔가를 잃게 될지도 모른다는 두려움은 게으름이다. 시간을 내서 해볼 용의만 있으면 무슨 문제든지 해결할 수 있다. 문제란 그대로 사라져버리지 않는다. 문제는 직면해서 해결하지 않으면 남아, 오랫동안 정신적인 성장과 발전의 장애가 되고 만다. 스캇 펙은 "네가 문제 해결에 참여하지 않으면, 네가 문제 일부가 되니 문제 상황에 참여하라"고 조언한다.

물질 만능 시대, 자본주의 시대를 살아가면서 어떻게 살아야 하는가를 생각한다. 김훈의 글 〈내 새끼 지상주의〉가 사람들 입에 오르내리고 제각기 의견을 낸다. 특정 사람들에게 비난을 받기도 하지만 긍정하는 이도 있다.

《인간의 품격》은 선택해 보라 한다.

"그 누구도 나보다 더 나은 것은 아니다. 하지만 나 또한 그 누구보다 나은 것은 아니다."

"내가 이루어 낸 것을 보면 나는 정말 특별한 사람이다."

이 두 문장은 세상을 살아갈 수 있는 서로 다른 길로 안내하는 문이다.

### 얀테의 법칙

북유럽에서 전해오는 덕목으로, 보통 사람의 법칙이라는 '얀테의 법칙' 은 나를 남들보다 특별하거나 아주 뛰어난 사람이라고 생각하지 말라 한다. 10가지로 구성된 얀테의 법칙은 내 새끼 지상주의가 얼마나 저급한 해악인지 판단하는 기준으로 삼을 만하다.

1. 당신이 특별한 사람이라고 생각하지 말아라.
2. 당신이 남들보다 좋은 사람이라고 착각하지 말아라.
3. 당신이 다른 사람들보다 더 똑똑하다고 생각하지 말아라.
4. 당신이 다른 사람보다 더 낫다고 자만하지 말아라.
5. 당신이 다른 사람보다 더 많이 안다고 생각하지 말아라.
6. 당신이 다른 이들보다 더 중요하다고 생각하지 말아라.
7. 당신이 모든 것을 잘한다고 생각하지 말아라.
8. 다른 사람을 비웃지 말아라.
9. 다른 사람이 당신에게 관심 있다고 생각하지 말아라.
10. 당신이 다른 사람에게 무엇이든 가르칠 수 있다고 생각하지 말아라

책의 읽으며 동양과 서양을 구분해 타인의 삶에서 배우니 비

트겐슈타인의 말과 《논어》가 가르치는 문장을 기본으로 삼을 만하다. "당신이 세상을 변화시키기 위해서 할 수 있는 유일한 길은 당신 자신을 변화시키는 것이다." 다른 하나는 "마음에 있지 않으면 보아도 보이지 않고, 들어도 들리지 않으며, 먹어도 그 맛을 모른다(心不在焉 視而不見 聽而不聞 食而不知其味)"는 문장이다.

자신의 마음이 바로 서면 분노, 판단력, 사랑, 역경, 인간관계, 선택과 결정, 게으름은 극복하고, 올바르게 판단하고, 나누고, 조화롭고, 결과를 얻을 수 있으며, 두려워하지 않을 수 있다. 더불어 경쟁하며 살아가는 한국 사회에서 얀테의 법칙은 새로운 관점에서 문제를 해결하는 기준이 될 수 있다.

# 그대도 틀딱이 된다

베이비붐 세대 막내의 자격으로 이 땅의 베이비붐 세대와 선배들에게 말하고 싶다. '그래도 잘 살아왔으니 됐어요' 라고.

《말테의 수기》에서 말테 어머니가 말한다.

"인생에서 초보자를 위한 학급 같은 것은 없어. 세상은 우리에게 늘 다짜고짜로 가장 어려운 것을 요구하거든."

이 땅에 태어나 산업화와 민주화의 주역으로 살아온 베이비붐 세대가 겪었을 쉽지 않았던 여정을 위로하는 말이 아닐까. 한국전쟁 이후 사회가 안정되고 먹고 사는 문제가 나아지니 부모님 세대들이 출산을 미루어 두었다가 다산을 선물한 거다. 개인적인 출생이야 큰 복이지만 한국 사회에서 베이비붐 세대들은 여러 난관을 거쳐야 했다.

콩나물 교실에서 공부해야 했고, 대학에서는 졸업정원제 때문에 공부해야만 했고, 결혼하니 집값은 높아만 갔고, 직장은 동료와 협조와 경쟁, 승진은 유례없는 경쟁이고, 퇴직 후에는 노인 천지인 세상에서 살아야 하니 요양원에 가는 것도 경쟁해야 할 듯하다. 요즘 젊은 세대들이 취업 때문에 힘들어하는 것에 비하면, 우리 때는 취업이라도 비교적 쉬웠으니 다행이다.

베이비붐 세대가 초고령 사회를 만들어 가고 있다. 인구 고령화를 겪는 사회는 노동력 부족, 생산성 저하 등으로 경제 성장이 둔화하고, 노인 부양비 상승과 의료 및 복지 비용 증가 등의 경제적 부담을 져야 한다. 이들은 민주화에 힘쓰며 경제 성장이 가져다준 풍요로움을 누렸고, 교육 수준도 높아진 세대다. 고령 인구가 살아갈 삶의 방향성을 생각하고 떠나기 전 남길 것은 무엇인가 고민해볼 때다.

《일침》은 인생이 푸짐해지고 세상이 아름다워지려면 실용과 쓸모의 잣대를 버리고, 지금보다 쓸데없는 말, 한가로운 일은 훨씬 더 많이 하라 한다. 평균수명이 늘어나 100세까지 사는 일이 몹시 어려운 일이 아니다. 오래 살게 되었다고 무작정 기뻐할 수 없다. 삶의 질이 뒷받침되지 않은 장수는 고통이 될 수 있기 때문이다.

## 정해진 미래

《정해진 미래》에서 '정해진' 이란 '인구학적 관점에서 예측 가능한' 이라는 의미다. 1960년대부터 정부는 강력한 감성적 접근으로 출산율을 떨어뜨렸다. 1983년에 출산율이 2.0으로 떨어졌고, 2002년 출산율은 1.24까지 떨어진다. 출산율이 급격히 떨어지는 걸 알면서도 안이한 인구 정책으로 허송세월하고 1996년이 돼서야 가족계획 정책을 포기했다. 출산율이 2.0일 때 깨달아야 했으나 그러지 못했다. 정부는 인구 관련 부서조차 없애버렸다. 다행히 노무현 정부에서 저출산의 심각성을 정책에 반영하게 되었다. 저출산 세대가 한국 사회의 주류가 되는 시기에 필연적으로 나타날 문제를 예상하고 해결 방법을 찾아야 한다.

인구 절벽이란 앞 세대보다 인구 규모가 작은 세대가 출현하는 것을 말한다. 한국 사회는 2018년 이후 인구 절벽 아래로 떨어졌다. 일본의 인구 구조와 비슷한 한국은 일본이 경험한 디플레이션을 타산지석으로 삼아 준비해야 한다.

낮은 출산율로 보아 미래가 불투명하고, 1인 또는 2인 가구는 증가하나 4인 가족은 줄어든다. 저출산 시대에 아동 인구가 절반으로 줄어 초등교사 과잉이 예견되며, 유망하다는 직업인 변호사, 의사 등 전문직 종사자의 퇴직 시기가 최대한 늦어질 것이다. 월급의 1/3을 학원비로 지출하는 것은 무모하며, 군대도 변화해야 한다. 인구학적 관점에서 인구가 줄어든다고 취업이 쉬워지는 것은 아니다. 본격적인 빈익빈 부익부는 은퇴 후에 시작된다. 개인이든 국가든 수입은 줄고 지출은 늘어 세대 간 정치 · 경제적 다툼이 심해질 것이다.

미래 생존 전략으로 저출산 문제를 풀려면 인간의 삶의 질을 높이는 일은 힘들어도 해내야 할 상식이다. 덧붙여 남자는 평균 여자보다 7년 일찍 죽는다. 남아 있을 여자를 위한 대책은 개인 차원에 맡겨둘 일이 아니다.

고령 사회를 준비하며 이웃인 일본, 서구 사회와 한국의 상황을 살펴보고 대책을 세워야 한다.

## 일본의 인구 고령화

일본의 인구 고령화 현황과 책에 표현된 삶의 모습을 본다. 아쉽게도 어떻게 준비해야 한다는 내용과 해답은 명확하지 않다.

장수의 악몽을 그린 《노후파산》은 고령자의 현실을 다룬 NHK 르포르타주다. 프로그램의 내용을 들여다보면 한국에서도 다르지 않을 것 같아 걱정이다. 연금만으로는 살아갈 수 없고 필사적으로 일해왔어도 노후는 보답받지 못한다. 생활 보장을 받을 수 없고 병원에 갈 돈도 없다. 노인은 '지금까지 내 인생은 뭐였냐' 며 '살아도 의미가 없다' 고 말한다. 돌봄 서비스에 드는 돈도 아끼고 싶고, 홀로 짊어지기엔 너무나 거대한 외로움을 버틴다. 서서히 다가오는 노후 파산의 공포가 최선을 다해 살아온 평범한 사람들에게 닥친 재앙이다. 농촌에 노후 파산이 퍼지고, 자급자족하는 생활을 하고 있다. 가족이 있어도 노후 파산을 피할 수 없다는 사례를 보여 준다.

우리와 인구 구조가 비슷한 일본은 '무연사회' 란 단어를 사용한다. 《사람은 홀로 죽는다》는 일본을 배경으로 하지만, 이미 우리 곁에 가깝게 와 있는 초고령 사회를 예감하는 이야기이기도 하다. 우리의 경제 발전이 일본이 간 길을 따라가고 있어 일본에서 나타나는 고독사, 무연사가 우리에게 남의 일은 아니다. 결론은 죽음을 두려워할 필요가 없으며, 무연사회도 두려워하지 말자고 한다.

83세로 아내를 암으로 먼저 보낸 후 세 딸과 아들이 있음에도 혼자 살아가는 일본 할아버지의 이야기가 《아버지의 부엌》이다. 나이 50이 되어 독신으로 살아가는 셋째 딸이 아버지를 모시고 살기가 곤란한 현실에서, 아버지가 혼자서도 살아가는 방법을 가르치고, 배우고, 싸우고, 화해하는 이야기다. 늙을수록 깨끗하게 살고, 소일거리가 있어야 하는 것은 물론이고 이웃과의 관계가 중요하다는 걸 알려준다. 아파트에 수백 가구가 살지만 남의 집에 가본 적도 와준 적도 없는 현재의 우리네 아파트 생활 방식은 노년에 혼자 살기에 더욱 외로움만 키워갈 것이 뻔하다.

인생은 아무리 노력해도 완벽이란 없다. 인간은 최후까지 불완전한 게 자연스러운 것이다. 인생은 계획된 대로 살아갈 수 있는 것이 아니다. 언제나 젊을 수는 없어 언젠가는 노인이 되니 받아들여야 한다. 받으려고만 하지 말고 베풀고 매사에 감사하다고 말할 수 있어야 한다. 노인이 되어 여기저기 탈이 나고, 해결하지 못하는 부분이 있더라도 노심초사하지 말자. 있는 그대로 받아들이자. 《나는 이렇게 나이 들고 싶다》는 그게 인생 아닐까 하는 의견이다.

### 노년의 대비

서양에서 대학 연구 프로젝트로, 철학자는 자신의 철학으로 노년기 삶의 방향을 가리킨다. 빠르게 변하는 우리 사회에서 조만간 사라져갈 것들이 보인다. 경험자 세대가 사라지고 나면 전혀 다른 한국 사회가 될지 모른다. 그들이 떠나기 전 무언가 그들의 경험, 흔적을 남겨두어야 한다는 생각이다. 이런 맥락에서 《내가 알고 있는 걸 당신도 알게 된다면》은 노년의 반성이자 새로운 세대에게 주는 조언이니 귀 기울여본다.

가치관이 같거나 비슷한 동반자를 고르는 것이 결혼 생활을 행복하고 안정적으로 이끄는 가장 중요한 요소다. 돈도 명예도 아닌, 같은 가치관이 중요하다. '행복하게 아침을 맞으려면 평생 하고픈 일을 찾으라' 조언한다. 그것이 몇 년이 걸리더라도 말이다.

건강한 아이로 키우는 법에 대하여 아이들과 더 많은 시간을 보내고, 깨물면 유독 아픈 손가락을 드러내지는 말라 한다. 몸의 멍은 지워지지만, 가슴의 멍은 평생 남으니 무슨 수를 써서라도 관계의 균열만은 피하라고 한다. 자녀와의 관계는 평생의 관점에서 봐야 한다는 육아에 관한 조언이다.

고령화 사회에 진입하며 공감하는 부분은 하강의 미학이다. 나이 듦에 대하여 조언하는데 건강에 해로운 짓을 한다고 해서 일찍 죽는 것이 아니라, 몇 년 혹은 몇십 년을 만성 질병으로 고통받을 수도 있다는 걸 이야기한다. 미리 준비할 수 있다면 건강을 챙기라 한다. 나이 먹는 것은 생각보다 괜찮은 일이니 아직 오지도 않은 죽음을 미리 걱정할 필요는 없다.

후회할 일을 만들지 않기 위해 정직하고, 기회가 묻거든 '네!' 하고 대답하라. 하고 싶은 말이 있다면 바로 지금 하라고 조언한다. 시간은 삶의 본질인데 걱정은 시간을 죽인다. 행복은 조건이 아니라 선택이니 오늘 하루에만 집중하라는 등 기억하고 싶은 조언을 담고 있다.

《당신이 알아야 할 모든 것은 그들에게 있었다》는 실패나 성공에 대해서는 생각하지 말고 무엇에 포부를 품고 있는지에 대해 생각하라 한다. '차이를 만들고 싶은가? 일과 삶으로 영향력을 끼치고 싶은가? 회사나 공동체, 가족에게 뭔가 흔적을 남기고 싶은가? 당신이 살아가는 시대를 위해 보여주고 싶은 그 무엇이 있는가?' 라는 질문을 던진다. 10년 뒤에 시도해 보지 못한 것에 대해 후회하게 될 것이라며 무엇인가를 시도하자 한다.

아침에 일어나는 이유, 밤에 잠 못 드는 이유에 대해 적어보라는 구본형의 《낯선 곳에서의 아침》에서 하려는 이야기와 같다. 현상 유지에 드는 비용이 변화가 주는 위험보다 클 때 변화가 일어난다. 새로운 울타리를 찾는 자가 살아남는다. 오늘의 문제를 푸는 것은 어제의 낡은 울타리를 뛰어넘어 나간다는 뜻이다. 현금의 흐름보다 중요한 것은 감정의 흐름이다. 정서적인 평형상태를 잘 유지하기 위해 나 자신과 고통스럽고 끝없는 싸움을 해야 한다. 거절을 잘 받아들이면 축복이 된다. 거절을 당했을 때 이것을 해결해야 할 문제점으로 받아들이는 방법을 배우는 것은 아름다운 우정의 시작이다.

사람들이 겪는 많은 수의 불안 또는 고민은 인간관계에서 시작된다. 노년에도 모든 고민은 인간관계에서 비롯된다. 우리를 괴롭히는 열등감은 객관적 사실이 아니라 주관적 해석이다. 건

전한 열등감이란 타인과 비교해서 생기는 것이 아니라 이상적인 나와 비교해서 생기는 것이다. 지금의 나보다 앞서 나가려는 것이야말로 가치가 있다. 인간관계를 경쟁으로 바라보고 타인의 행복을 나의 패배로 여기므로 축복받지 못한다. 잘못을 인정하는 것, 권력 투쟁에서 물러나는 것, 사과하는 것이 전부 패배는 아니다. 이는 《미움받을 용기》를 통해 아들러의 심리학이 전하는 말이다. 개인이 사회적 존재로 살고자 할 때 직면할 수밖에 없는 인간관계, 그것이 인생의 과제다. 아들러 심리학은 타인을 바꾸기 위한 심리학이 아니라 자신을 바꾸기 위한 심리학이다. 인간은 '이 사람과 함께 있으면 자유롭게 행동할 수 있다'라는 생각이 들었을 때 사랑을 실감할 수 있다.

65년 이상 살아온 700명의 노인과 인터뷰를 통해 얻은 삶, 사랑, 그리고 사람에 대한 30가지 지혜를 담아 《이 모든 걸 처음부터 알았더라면》이 만들어졌다. 지혜를 담은 이 책은 코넬대학교의 인류 유산 프로젝트의 하나다. 노년을 맞이하는 세대뿐 아니라 자녀 세대에게 조언할 수 있는 지혜를 담고 있다. 몇 가지를 펼치면 다음과 같다.

"그 사람이 평생을 함께할 배우자라는 걸 어떻게 확신할 수 있나요?"라는 질문에 인생의 현자들은 마음의 소리를 따르라고 조언한다. 평생을 함께 산다는 건 젊은 날의 낭만만 가지고는 불가능하다. 결혼은 일생을 건 모험과도 같기에 파트너가 어떤 사람인지 꼼꼼히 따져봐야 한다. 결혼을 성공으로 이끄는 힘이 바로 두 사람의 가치관이다. 두 사람의 생각이 하나의 삶을 위해 포개질 때다. 결혼이란 두 사람이 아닌 두 집안의 결합이라고 강조한다. 결혼 생활은 배우자만의 문제가 아닌 집안의 문제로 좌지우지될 때가 많다. 중심축은 부부라는 걸 기억하자. 오랜 결혼 생활의 비결은 하나같이 '대화' 하라고 강조한다. 대화 부족은 결혼 생활을 망치는 주범이니, 서로 간에 감정을 다치지 않도록 배려하면서 말하는 방법을 배워야 한다. 결혼 생활에서 발생하는 문제들 또한 궁극적으로 대화를 통해 풀어나갈 수 있다. 가까울수록 예의가 필요하니, 가장 가까운 파트너에게 최선을 다해 예의를 갖추라고 조언한다.

톨스토이가 세상을 떠나면서 마지막으로 남긴 책이 《살아갈 날들을 위한 공부》다. 인간 삶의 밑바탕은 비슷한가 보다. 톨스토이의 글에서 공자의 말과 같은 것이 여럿 보인다. 공자가 가장 싫어했다는 교언영색(巧言令色)이나 심부재언(心不在焉) 같은 내용이 있다. '심부재언' 에서 '심' 을 '영혼' 으로 바꾸면 톨스토이가 한 말과 같다.

"오만하지 마라. 분노하지 마라. 오만과 분노는 자신을 망치는 길이다. 인생은 혼자 결정해야 한다. 독립적인 삶을 살아라. 죽음을 두려워할 필요가 없다. 사람을 쉽게 판단하지 마라. 사람은 늘 변한다. 사람이 이 세상에 태어난 것은 오직 사랑하기 위해서 태어났다. 고통이 주는 의미를 긍정적으로 풀어라. 영혼을 살찌우기 위해 육체를 희생하라. 침묵이 말 잘하는 것보다 중요하다. 자신이 소중함을 기억하라. 노동은 의미있는 일이다. 소박한 삶을 살아가라. 현명함이란 질문하고 듣는 태도가 바르고, 침묵하는 방법을 아는 것이다. 지혜로운 사람일수록 단순한 언어로 자기 생각을 표현한다."

레비나스 철학의 근본 물음은 "1500년 동안이나 기독교 복음을 믿어왔는데 어떻게 세계 대전에서 엄청난 살상과 파괴를 자행할 수 있었나?"로 귀결한다. 레비나스에게 '사랑' 은 '언어' 와 더불어 타자와 관계할 수 있는 방식이다. 생산성을 통해 인간은 자기 자신의 유한성으로부터 구원받는다. 아이의 출산으로 완전히 새로운 미래, 전혀 예상할 수 없는 새로운 가능성이 열리게 된다. 시간은 아이를 통해 다시 젊어지고 푸르름을 띠게 된다.

죽음은 언젠가 누구에게나 온다. 죽음을 두려워하지 말고 인생의 비루함은 사랑받았던 기억으로 이겨낸다. 인생은 과정의 연속일 뿐 목적지가 있는 것은 아니니 하루하루를 행복하게 사는 것이 성공이다. 올라갈 때 내려올 때를 준비해야 한다. 젊었을 때뿐 아니라 늙어서도 재미있게 살려면, 세월의 흐름을 인정하고 사람과 좋은 관계를 유지해야 한다. 한근태는 노년이란 현자에게 황금기라며 《독서 일기》에서 글쓰기로 자신을 만들자 한다.

김형석의 《백 년을 살아보니》는 정신적 가치를 추구하고, 선하고 아름다운 인간관계를 유지해야 하며, 경제적으로는 생활의 기초필요조건을 갖춘 중산층이면 족하고, 감사하는 마음을 가져야 한다고 말한다. 감정이 아름다운 여자로 사는 삶과 욕심보다 지혜, 지혜보다 자녀 사랑이 자연스러운 자녀의 성장을 이끄는 부모의 역할이라는 경험을 풀어놓는다. 죽음은 자연의 섭리이니 누가 오래 살았는가를 묻기보다는 무엇을 남겨주었는가를 묻는 것이 역사다. 늙음은 말없이 찾아온다니 그리 알아둘 일이다. 사람은 성장하는 동안은 늙지 않는다며 공부하거나 취미 생활하거나 봉사활동 하란다.

《인간이 그리는 무늬》는 '나를 장례 지내는 것은 황홀한 삶의 시작'이라 한다. 익숙한 것과 결별하여 세계를 낯설게 바라볼 수 있을 때 철학이 비로소 시작된다. 호기심과 관심이 있어야 문제를 의식한다. 자기와 만나는 방법으로 저자가 추천하는 것은 글쓰기, 운동, 낭송이다.

봄을 개념으로 말하지 말고, 봄에 일어나는 사건을 직접 경험해야 한다. 둘 사이에 나타나는 성숙과 인격의 깊이 차이는 하늘과 땅 차이만큼 크다. 욕망은 내가 살아 있다는 사실을 확인할 수 있는 최전선이다. 이는 김정운이 말하는 '남자라면 중년 이후라도 수컷의 향기를 내뿜어야 한다' 와 같은 맥락이다.

《나는 죽을 때까지 재미있게 살고 싶다》는 한국 사회에서 살아온 개인사를 통해서 삶의 방향을 점검하는 좋은 기준이 된다고 생각해 옮긴다. 죽음의 위기를 몇 차례 넘기며 깨달은 것들이다. 며느리에게 거절하는 법부터 가르쳤고 아플 때도 당당했다. 일흔 넘어서 시작한 공부가 제일 재미있었고, 무모하게 사는 것이 가장 안전한 길이다. 나이 들면 약해진다는 생각부터 버리고, 자식의 인생에 절대 간섭하지 않는다. 젊은이를 가르치려 들지 말고, 남에게 뒤처질까 봐 조바심 내지 않는다. 나이 들수록 사소한 분노를 잘 다스려야 한다. 잘 쉬는 연습을 하고 더 늦기 전에 노년의 삶을 그려보라. 우리에게 딱 맞는 인생 선배의 교훈이라 생각하며 내 연배라면 더 늦기 전에 지나온 길을 되돌아보고 앞으로의 삶이 방향을 잡는 데 참고가 될 듯하다.

사하시 게이죠가 지은, 노년의 아버지가 벌인 홀로서기 투쟁

기인 《아버지의 부엌》이 아내를 먼저 보낸 인생 고참의 삶에 대한 이야기로 마음 찡하게 하듯이, 《나는 죽을 때까지 재미있게 살고 싶다》는 나이 쉰 줄에 들어선 내게 어떤 고전보다 재미와 가르침은 주는 에세이다. 칼 필레머의 《내가 알고 있는 걸 당신도 알게 된다면》은 많은 노인의 인생 경험으로부터 우러난 보편적인 삶의 방향을 안내한다.

### 기성세대의 당부

고령 사회를 지나 초고령 사회로 진입을 앞두고, 퇴직하여 부양받아야 하는 베이비 붐 세대의 삶에 박수를 보낸다. 전통 농업 사회라면 부양받음이 자연스러운 일이나, 산업 사회를 거쳐 정보화 사회의 노년에게 부양받는 일은 기대할 수 없는 일이 될 가능성이 크다. 우리와 비슷한 인구 구조를 가진 일본은 이미 무연사회를 경험하며 각자도생하는 노인들이 등장한다. 우리도 별반 다르지 않을 것이다.

어려움이 예견되는 상황에서 물질적인 풍요로움은 제쳐놓고 정신적인 태도와 삶의 자세를 생각한다. 철학자와 사상가 혹은 대학의 프로젝트를 통해 알게 된 '노년의 삶에 필요한 것' 중에서 공통적인 것이 있다. 루쉰은 신세대가 기성세대의 주검을 밟고 앞으로 나가도록 도와야 한다고 했다. 기성세대인 베이비 붐 세대의 남은 인생 여정에 몇 가지를 염두에 두면 좋겠다.

하나는 이제 노인이니 일을 포기하고 아무렇게나 살아가야 한다는 생각을 하지 말아야 한다. 새롭게 무엇인가 시도해야 한다. 취미 생활이든 글쓰기든 손주 돌보기든 무엇이든 해야 한다. 무위의 고통을 느끼지 않아야 한다.

자신의 의지가 중요하다. 공자가 말하기를 "삼군의 병력으로부터도 장수를 빼앗을 수 있으나, 초라한 필부에게서도 그 뜻을 빼앗을 수 없다"고 했다. 인간의 의지가 얼마나 위대한 것인가를 보여주는 공자의 명언이다. 나이는 들었어도 정신을 놓을 일은 아니다.

다른 하나는 자식에게 의존하려 하지 말자는 것이다. 나아가 자녀들의 삶을 이끌기보다 응원하는 일이다. 칼릴 지브란의 표현처럼 기성세대는 활이 되어야 한다.

"당신의 아이는 당신의 아이가 아니다. 그들은 그 자체를 갈망하는 생명의 아들, 딸이다. 그들은 당신을 통해 태어났지만, 당신에게서 온 것이 아니다. 당신과 함께 있지만, 당신의 소유물이 아니다. 당신은 그들에게 사랑을 줄지라도, 당신의 생각을 줄 수 없다. 왜냐면 그들은 자기 생각을 하고 있기 때문이다. (중략) 당신은 그들을 애써 닮으려 해도 좋으나, 그들을 당신과 같은 사람으로 만들려고 해선 안 된다. 왜냐면 인생은 거꾸로 가는 것이 아니며 과거에 머물러서는 안 되기 때문이다. 당신은 활이 되어 살아 있는 화살인 당신의 아이들을 미래로 날려보내야 한다."

저출산 시대를 경험하며, 아이를 기를 최적 환경을 만들어주지 못한 미안함과 안타까움을 전한다. 먼저 떠날 사람들이 젊은이에게 《모리와 함께한 화요일》의 결론으로 해주고 싶은 말을 대신해본다.

"자식을 갖는 것과 같은 경험은 이 세상 어느 것과도 다르다. 그 경험을 대신할 만한 것은 이 세상에 없다. 타인에 대해 완벽한 책임감을 경험하고 싶다면, 그리고 사랑하는 법과 가장 깊이 서로 엮이는 법을 배우고 싶다면 자식을 가져야 한다."

이외에도, 새로운 노인상을 만들 의무와 능력이 있으니, 진영을 나누어 토론하지 않고 비난만 하는 정치를 바꾸어야 한다. 21세기에 필요한 교육이 이루어질 수 있도록 여건을 만들어주는 일도 무엇보다 중요하다. 쉬지 않고 배우는 노력과 건전한 정치 참여는 계속 해야 할 일이다. 비록 산업화와 민주화에 공헌한 세대일지라도 '틀딱'이라 조롱받는 것을 아쉬워할 필요는 없다. 역사는 그렇게 시공간을 채워왔다. 젊은 후배들이여, 그대들도 머지않아 틀딱이 된다.

# 곪아 터진 학교 교육

학교 교육은 교육 내적인 요구와 사회의 요구에 따라 변화하고 있으나 다른 분야에 비해 변화의 속도가 늦은 까닭에 보수적이라는 평가를 받는다. 속도보다 중요한 것은 방향이라는 관점에서 보수적일지라도 방향이 바르다면 탓할 이유가 없다. 2023년 뉴스의 중심에 곪아 터진 학교 교육이 있다. 학생과 교사가 함께 존중받는 학교를 만드는 일이 해야 할 일이다.

학교 교육을 논하기에 앞서 교육과 교양을 견주어 보고, 우리나라 교육의 현주소를 파악하려 한다. 교사의 업무 추진과 생활지도 영역을 살펴보고 거시적으로 교육의 방향을 모색한다. 구체적인 교육 방법론 검토와 제안을 내놓고, 참고할 키루스의 교육이란 관점을 떠올려본다. 전통 교육을 비판적으로 검토하는 온고지신이 중요하지만, 앞서 《조선의 밥상머리 교육》 서평으로 갈음한다.

## 교육과 교양

교육과 교양을 비교해보면 교육은 대상이 있어 주어진다면, 교양은 스스로 만든다는 차이가 있다. 교육은 학제에 따라 학교에서 체계적으로 이루어지나 교양은 비체계적이며 다양한 방법으로 쌓을 수 있다. 단선적인 교육은 내적 성장과 외적 성장을 추구하나 교양은 내적인 성장에 치중한다고 본다. 교육의 내용은 문화유산이든 학생의 경험이든 교과 내용의 분량에 한계가 있으나, 교양을 구성하는 요소는 사람에 따라 폭과 깊이가 다르다. 예를 들어 교사라면 교과 외 지식을 자기 연찬을 통해 얻어 형식지와 암묵지를 스스로 쌓아간다.

교육이 아닌 교양으로 얻을 수 있는 지식 중 몇 가지를 나열해 본다. 나당 연합군이 백제와 고구려를 협공할 때 맺은 약조를 학창 시절 배운 바 없고, 가르쳐 주지 않았다. 르네상스의 기반에 중국에서 들여온 물질적 풍요로움이 있었고, 18세기 계몽사상은 공맹의 철학을 수용한 것이다.

윌리스 캐리어의 에어컨 발명과 보급이 북미 스노우(snow) 벨트로부터 선(sun) 벨트로의 이주를 촉진한 주요인이라는 것은 학교에서 가르치지 않는다. 프랑스 혁명이 공맹의 철학에 바탕을 둔 것이며, 막스 베버가 주창한 자본주의의 기원은 사실이 아니라 공맹의 철학에서 서구의 자유시장론이 탄생한 것이라는 새로운 연구와 주장이 있다.

따뜻한 열차 내 냉동시스템이 도시의 발달에 영향을 주었으며, 교통망의 확대로 주택의 공급과 수요를 풀어갈 수 있다. 자연을 사랑한다면 자연으로부터 떨어져 살아야 하고, 저밀도 공간에서 살기 위한 교외로의 이주는 고층 메트로폴리스보다 자연에 훨씬 덜 친화적이라는 주장도 있다. 운전, 전기, 난방, 대중 교통수단의 탄소 배출량을 더하여 생각한다면 도시가 교외 지역보다 더 친환경적이라는 것이다.

가톨릭의 부패에 맞서 스위스에서 시작된 칼뱅의 종교개혁 과정에서 칼뱅의 논리적이고도 엄격한 전제적 교리가 뿌리내려 제네바를 비롯한 스위스 사람들의 정신과 생활을 지배했다. 칼뱅의 종교적 · 정치적 독재에 대항했던 신학자 세르베투스라는 화형을 당한다. 이 과정을 지켜보던 카스텔리오가 '톨레랑스' 의 개념을 만들고 이를 토대로 칼뱅의 독재와 폭력에 반박한다.

이와 같은 사실과 주장, 개념의 기원은 《공자와 세계》, 《도시의 승리》, 《탁월한 아이디어는 어디서 오는가》, 《다른 의견을 가질 권리》, 《교양 수업》을 읽어 스스로 만들 수 있다. 피터 비에리에 따르면 교양이란 사람이 자신에게 행하는 것, 그리고 자신을 위해 스스로 만들어가는 것이다. 교육은 타인이 나에게 해

줄 수 있지만, 교양은 오직 혼자 힘으로 쌓을 수밖에 없다. 교양을 갖추려고 할 때는 이 세상에서 특정한 방식으로 존재하고자 하는 의식을 품고 노력해야 한다. 자기 자신과 세계를 대면하는 방식이 교양이라고 말한다.

## 한국 교육의 현주소

한국 교육의 현주소를 생각할 때 헤르만 헤세의 《수레바퀴 아래서》를 떠올리며 가슴이 먹먹하다.

평범한 가족을 먹여 살리는 요제프 기벤트라의 아들 한스 기벤트라가 주인공이다.

시골 동네에서 천재가 나왔다는 평가를 받으며 국비로 공부할 수 있는 주 시험에 2등으로 입학하기까지가 소설의 전반부이다. 총명한 한스는 동네 목사, 라틴어 학교 교장 등으로부터 가르침을 받고 주 시험에 합격한 후 자연을 벗하며 마음껏 뛰어논다. 당연히 그는 아버지와 동네의 자랑거리였고, 한스도 자신이 자랑스러웠다.

기숙학교에서의 삶이 한스에게 변화를 가져오기 전까지 모범생으로 공부한다. 소설은 기숙학교 학생들의 하나하나에 초점을 맞춰 개성과 사회성을 묘사한다. 힌딩거는 연못에서 익사하고, 루치우스의 음악적 재능 없음, 하일거의 반항적 태도와 우울증이 주요 소재다. 한스는 튀는 행동으로 근신령을 당한 하일거와 우정을 키워가며 학교와 멀어져간다. 하일거의 수도원 탈출과 퇴학은 한스에게 충격이 되고, 공부에 재미를 느끼지 못해 가며, 영혼은 불안과 절망에 싸여 허우적거린다.

요양 휴가를 떠나 집으로 돌아온 한스는 신경쇠약으로 괴로워하고 아버지의 기대를 저버렸다는 죄책감에 힘들어한다. 엠마와의 키스와 이별은 사랑은 달콤함으로 포장되어 있으나 쓰디쓴 맛을 낸다는 것을 알아버린다.

기계공으로 살아가기로 정하고 일을 배우던 날들을 보내던 중 늦은 밤까지 술을 마신다.

싸늘한 시체가 되어 어두운 강물을 따라 골짜기 아래로 떠내려간다. 술이 원인인지는 명확하게 밝혀지지 않는다.

학교 다니는 자식을 둔 부모라면, 한스 기벤트라처럼 방황하거나, 자살하면 어쩌나 걱정할 수 있다. 특히 최근 학교폭력 문제가 자주 불거져 우리를 아프게 한다. 20세기 초 독일의 학교와 21세기 한국의 학교가 다른가? 아니다. 너무나 닮았다. 헤세의 《수레바퀴 아래서》가 자녀를 학교에 보낸 부모의 가슴을 졸이게 한다. 이것이 우리 교육의 현주소이자 단면이다.

우리가 모두 경험한 것과 같이, 《감시와 처벌》은 학교를 군대, 산업, 의료기관과 함께 권력이 행사되는 기관으로 평가한다. 규율은 복종하고 훈련된 신체, 순종하는 신체를 만들어낸다. 규율은 폐쇄성을 갖고 개인의 공간을 나눈다. 학교는 기능적이고 위계질서를 갖는 공간을 만든다. 규율은 시간표를 만들고, 행동에 대한 시간을 작성하고, 나태를 불허하는 등의 방법으로 활동을 통제한다. 학교라는 건축물이 가진 문제를 드러낸다.

## 교사의 사명감

이 같은 한국 교육의 현 상황은 교사에게 사명감을 요구한다고 본다. 이미 노동자나 직장인으로 살아가는 교사가 적지 않은 상황이기에 더욱 사명감에 관한 요구가 크다. 직업으로써의 교사가 아닌 사명감으로 아이들을 가르쳐야 한다. 《펠로폰네소스 전쟁사》를 쓴 투키디데스가 "한때의 갈채를 받기 위해서가 아니라 불멸의 재산으로서 이 책을 썼다"고 집필 이유를 밝혔듯이, 교사도 교육에 대한 사명을 기억해야 한다.

일 년만이라도 문 · 사 · 철에 빠져보거나, 한비야의 일 년 100권 읽기처럼 독서 지침을 따라 해보는 일도 사명감을 되살리는 계기로 만들 수 있다. 교사의 관용적인 태도도 사명을 다하는 데 필요하다. 《프랭클린 자서전》에 따르면, 영국 식민지였던 초기 아메리카의 지도자들이나 서민들이 오늘날과 같은 지독히도 오만한 개신교에 물들지 않았다. 하나님을 숭배하되 그의 삶의 기준은 종교가 아닌 상식에 기초했다. 교사가 직업인이기에 앞서 사명감이 있는 존재이어야 함은 상식이자, 교사와 교사가 아닌 사람을 구분하는 기준이어야 한다.

### 교사의 업무 역량

교사의 업무 추진에 관한 성찰과 정책 재고가 필요한 시점이다. 교사 중에 일부는 '가르치는 일에 집중하도록 잡무를 없애야 한다' 고 주장한다. 교사의 언어와 행동 하나하나가 학생의 성장과 발달을 돕는 잠재적 교육과정이라는 이론은 꺼내지 않더라도 말이 되지 않는 주장이다. 특히 행정 업무도 잡무라고 생각한다. 경험상 잘못된 태도다. 소규모 학교에서 다양한 행정업무를 다뤄본 경험은 수월하게 업무 능력을 키운다. 큰 학교로 옮겨 갔을 때, 업무 가지 수가 줄어 행정 업무가 별로 어렵지 않음을 알 수 있다.

우선, 교사의 행정 업무 처리 역량을 키우는 것이 바람직하다. 2000년대 초반 일부 학교에서는 담임 업무가 힘들다고 담임에게는 담임 업무만 맡기고 행정 업무는 비담임 교사에게 맡기는 경향이 있었다. 이 학교에서 담임을 주로 하다가, 전근 간 학교에서 행정 업무를 제대로 처리할 줄 몰라 애를 태우는 경력 교사도 있다. 이를 지켜보는 부장 교사나 교감, 교장은 교사의 역량을 의심하게 될 것이다. 요즘은 교무행정사를 배치해 교사의 행정 업무를 덜어주고 있다. 이 또한 긍정적인 면도 있으나 바람직하지 않다고 판단한다. 행정을 소홀히 하면 교사의 권리를 행사하기 어렵고 교사가 성장할 기회를 놓친다. 안타까운 시대 분위기다. 행정 업무를 효율적으로 정확하게 처리할 줄 알아야 함은 교사의 기본 능력이다. 교사의 역할 중 행정 업무, 기획에 패트릭 G. 라일라가 지은 《The One Page Proposal 강력하고 간결한 한 장의 기획서》가 도움이 될 것이다.

이 같은 맥락에서 교사의 업무 처리와 관련한 자세와 태도의 바람직한 방향은 무엇일까?

둘째, 《마흔에 읽는 손자병법》에 보면 조선에서 "군대의 1일 행군 거리 표준을 30리로 정한 것"은 이유가 있다. 100리를 행군하면 건장한 1할만 따라와 패하고, 50리를 행군하면 5할이 따라오고, 30리를 행군하면 6~7할이 따라온다"는 것이다. 따라서 (30리를 행군하는 것보다 더욱 좋은 것은) 아군에 유리한 자리를 잡고 적을 기다리는 전략이라는 조언에 공감한다. 이는 학교에서 업무를 추진하거나 프로젝트를 진행할 때, 관리자와 교사들이 같은 속도로 같은 목적에 도달하도록 노력해야지 하며 교사 간에 프로젝트에 대한 이해도와 실행력에 차이가 있으면 성공할 수 없다는 것으로 활용할 수 있다.

셋째, 우리는 '사소한 것에 목숨 걸지 말라' 고 말하며, 사소한 것에까지 신경을 쓰는 사람을 쫀쫀하다거나 좁쌀 같다는 표현으로 폄훼한다. 이런 주변의 분위기에서 '디테일이 성공으로 가는 키' 라는 표현은 설 곳이 없을지 모른다. 디테일에 성의를 다하지 않는 모습은 대체로 그 사람의 마음에 흐르는 수양의 수준을 반영한다. 위대한 일과 위대한 성취는 모두 하나하나의 작은 일, 하나하나의 디테일이 쌓여 이루어지는 일이다. 바쁘다고 불평이나 힘들다는 소리는 이제 그만하자. "신은 디테일에 있다"에서 파생된 "악마는 디테일에 있다"를 기억하자. 교육은 인간을 대상으로 하는 일이기 때문이다.

넷째, 책을 읽는 교사여야 한다. 교무실 책상에 교과서와 자습서, 교사용 지도서만 있게 해서는 안 된다. 교사는 교사에 알맞은 독서 목표를 세워 실천해야 한다. 일본의 사이토 다카시는 독서력에 대한 안내 즉, 고전 수준의 문학작품 100권과 교양서 50권 정도를 4년 동안 독파하는 것이 독서력을 형성시킨다는 사례를 제시한다.

명나라 사상가 이탁오를 통해 성찰할 기회를 얻기도 기대한다. 그의 말이 충격적이다.

"나이 50 이전에 나는 정말 한 마리 개와 같았다. 앞의 개가 그림자를 보고 짖어대자 나도 따라 짖어댄 것일 뿐, 왜 그렇게 짖어댔는지 까닭을 묻는다면, 그저 벙어리처럼 아무 말 없이 웃을 뿐이었다."

이탁오가 나이 오십이 되기 전까지는 학문을 했다지만 주체적이지 못했고, 공맹의 사상을 비판 없이 받아들였으며, 이를 실천하면서 살아왔음을 반성하는 것이다. 교육 내용, 교육 정책을 다른 사람의 평가가 아닌 자신의 잣대로 평가할 수 있어야 한다.

## 생활지도 방향의 재정립

학생 생활지도 방향과 원칙과도 시대 상황을 고려하여 다시 중지를 모아 보완해야 한다.

《깨진 유리창 이론》은 뉴욕시장 줄리아니와 경찰청장 윌리엄 브래튼이 의기투합하여 뉴욕을 무법천지에서 질서를 찾아 뉴요커가 살고 싶은 도시로 만들었다는 이야기다. 학교폭력이 줄지 않는 상황을 보면서 '제로 톨러런스(절대 불허)' 도 고려해야 한다.

무너진 교사의 영향력과 교실 상황은 학생 인권조례에 대한 새로운 관점을 요구한다.

수학을 포기한 이른바 수포자와 같은 학업 포기 학생을 대하는 교사의 태도 변화가 필요하다. 이때 교사는 《길 위의 철학자》 에릭 호퍼가 말하는 바에 귀를 기울여야 한다.

"신천지를 개척하고, 새로운 것을 기도하고, 새로운 형식을 만들어내는 것은 패배자들인 경우가 많다. 교육의 주요한 역할은 배우려는 의욕과 능력을 몸에 심어주는 데 있다. 배운 인간이 아닌 계속 배워나가는 인간을 배출해야 한다."

인구 감소를 예측할 수 있는 시점이니 학생 하나하나에 소홀하지 않아야 한다.

다문화 가정의 학생 수가 늘어나고 있다. 포용하고 길러낼 인재로 봐야 한다. 근거로 《여기가 당신의 피난처입니다》에서 '강제 송환금지의 원칙' 은 난민 보호의 가장 주요한 초석임을 알려준다. 난민협약 제33조 1항은 "체약국은 난민을 어떠한 방법으로도 인종, 종교, 국적, 특정 사회집단의 구성원 신분 또는 정치적 의견을 이유로 그 생명 또는 자유가 위협받을 우려가 있는 영역의 국경으로 추방하거나 송환해서는 안 된다"고 규정한다. 세계인권선언 제14조는 "모든 사람은 박해를 피해 피난처를 구하고 그곳에 체재할 권리가 있다"고 선언한다.

서양은 논리적 사유의 전통이 우세했음에 견주어 동양은 경험을 중시했다. 교직에서 경험은 학습지도는 물론 교내외 학생의 생활지도 영역에서도 문제를 쉽게 해결할 수 있게 한다. 경력 교사의 교직 경험을 존중하는 분위기도 필요하다.

## 교육의 거시적 지향

거시적인 관점에서 교육의 방향을 고민해본다. 1000년 전에도 교육에 관한 고민과 반성이 없지 않았다. '교학상장(教學相長)'으로 유명한 《예기》 〈학기(學記)〉 편은 교육 실패의 원인을 일차적으로 학생 측에 있다고 보지 않고, 학생을 일깨우는 선생 측에 있다고 명언한다. 이 외에도 교육 방법, 잠재적 교육과정, 수준별 수업, 토론 학습, 질문하기, 교육의 목적, 교사의 권위 등에 대하여 말하고 있다.

대한민국의 주입식, 강의식 수업은 수용적 사고력만 키워 비판적 사고력, 창의적 사고력을 기대하기 어렵다. 여러 가지 연구 결과가 이런 결론을 내린다. 생각하는 능력을 키우려는 노력이 절실하다. 수용적 사고력이 높아 학점이 높은 학생들이 급변하는 세상에 필요한 존재가 아니다. 생각하는 힘을 키우는 수업 개혁을 시작해야 한다며 프랑스의 바칼로레아와 핀란드 융합

교육에 관심이 쏠린다. PISA(국제학생평가프로그램)에서 상위를 차지하는 핀란드와 한국의 교육을 비교하며 사교육비 부담이 높고, 수많은 시간을 투자하는 비효율적 공부법을 다시 생각해야 한다. 이런 정도의 교육 현실 파악은 누구나 하는 수준이다.

입시 중심 교육에서 벗어나 희망을 주는 교육이 시급하다. 《희망의 인문학》은 가난한 사람들이 '즉각 반응' 식의 태도와 행동으로 법과 질서를 위반하며, 사회에서 소외되고 결국 빈곤의 악순환에서 벗어나기 어렵다고 보고 있다. 인문학을 배움으로 즉각 반응하는 행동 방식은 성찰적 사고로 바꿀 수 있고, 이러한 사고방식은 공적인 삶에 참여도를 높이고, 빈곤으로부터 탈출구를 찾는 데 도움이 된다는 생생한 증언이다.

최고의 공부란 어떤 것일까? 학교 성적은 성인이 되면 누구도 묻지 않고 필요도 없다. 얼마나 지속해서 공부하고 관심을 두느냐가 중요하다. 시험을 위한 공부는 덜 중요하다. 텍스트에 내재한 원리를 찾고 다른 문제와 연결하기를 생각하는 공부가 중요하다. 세상에는 정답 없는 문제가 더 많다.

불확실성에서 길을 잃지 않고, 누구에게나 인생에서 찾아오는 위기를 극복할 수 있도록 도와야 한다. 돈과 명예보다는 공부의 의미를 찾도록 해야 한다. 위인지학(爲人之學)이 아니라 위기지학(爲己之學)이어야 한다.

현대 공교육의 표준화로 학업 중도 포기자 증가에 따른 사회적 비용이 증가한다. 학업에 대한 강도 높은 억압과 불안, 재미를 느끼지 못한 채 학교에 남아 있는 학생들이라는 여러 가지 외부효과를 낳는다. 학교에 대한 사고방식, 학교의 운영 방식을 바꿔 산업 모델에서 벗어나야 한다. 아이를 한 개인으로 대하고 인생은 일직선이 아니니 과잉 양육하지 말라는 《학교 혁명》이 제시하는 교육의 방향이다.

《그 많은 똑똑한 아이들은 어디로 갔을까?》는 PISA 순위가 교육 전부가 아니라며, "PISA에서 우수한 성과를 거두고 있는 것은 분명 학교 교육이 성공적이란 의미다. 하지만 이는 교육의 반쪽, 즉 기능적 측면에서의 성공일 뿐이다. 다른 반쪽, 가치와 윤리의 측면에서 우리나라 교육이 성공을 거두었는지는 아직 확인되지 않았다"고 안타까워한다.

《학교는 시장이 아니다》는 경제 성장, 경제 개발에 효과가 있는 교육으로부터 민주적 시민 정신을 갖춘 성숙한 인간의 형성을 위한 교육으로 방향을 바꾸자고 한다. 그러기 위해서는 인문학과 예술교육에 관심을 두자고 한다. PISA에서 좋은 성적을 내고, 부모의 교육열도 높고, 유대인보다 평균 IQ가 높은 한국 학생들이 왜 행복하지 않은가? 미국 아이비리그에 진학한 한국 유학생의 중퇴율이 50%에 가깝다고 한다. 그 까닭은 무엇인가? 고등학교까지 똑똑하다는 한국 학생들의 대학 이후의 삶이 어째서 행복하지 않고 성공적이지 못한가에 대한 해답을 찾아야 한다.

### 교수 - 학습 방법

교사라면 교수-학습 방법을 다양하게 활용할 수 있도록 학습 지도 역량을 키워야 한다.

1990년대 초 열린 교육이 초등교육을 휩쓸고 중학교까지 영향을 끼쳤다. 영향은 부정적인 것과 긍정적인 것이 함께 있었다. 2000년대 초에 ICT(정보통신기술) 활용 교육이 변화의 방향을 잡았고 최근 하브루타, 협동 학습 등 다양하게 시도한다. 열린 교육은 흔적만 남겼고, ICT 활용 교육은 이름은 사라졌어도 교사의 수업 방법에 녹아들었다. 교사는 다양한 교수-학습 방법을 익혀야 하지만, 특정 교수-학습 방법에 쏠리는 것은 우려할 일이다. 교과 내용에 따라 적합한 교수–학습 방법이 다르기 때문이다. 하브루타 학습 방법이 좋다고 하니, 책을 읽지 않아 배경 지식이 부족한 학생들에게 하브루타 학습을 시도하는 어리석음을 보면 안타깝다.

교직에 첫발을 내딛는 선생님에게 유익하고, 경력이 있는 선생님도 자신의 교수법을 되돌아보고 평가하는 좋은 기준이 될

《최고의 교사는 어떻게 가르치는가》가 읽히고 있다. 특히 경력 교사 중에서 교실 분위기를 끌고 가지 못해 학생에게 끌려다니거나, 무시당하는 선생님이라면 꼭 읽어보면 좋다. 기법 45번째 "온화한 동시에 엄격하라"를 자기 것으로 만들려는 판단과 반복적인 실천으로 자신감을 얻을 수 있다. 교사 중심의 설명식 수업에 익숙한 교사와 학생들은 토론을 힘들어한다. 시험 공부와 문제 풀이식 공부에 치우친 원인도 있지만, 절대적인 독서량의 부족이 큰 요인이라고 본다. 칼 세이건의 《코스모스》에 인용된 키케로의 다음 이야기를 들어보고 토론의 중요함을 되새기자.

"토론에서 정말 필요한 것은 논지의 완벽함이지 그 논지가 지니는 권위의 무게가 아니다. 가르치는 것을 업으로 하는 이들의 권위가 배우고 싶어하는 자들에게 장애의 요인으로 작용하여, 결국 학생들이 자신의 판단력을 발휘하지 못하게 만든다. 권위의 무게가 중시되는 사회에서는 주어진 문제의 답을 스승이 내린 판단에서만 찾으려 하기 때문이다. 나는 피타고라스학파에서 통용됐던 이와 같은 관행을 받아들이고 싶지 않다. 그들은 논쟁에서 "우리 스승께서 말씀하시기를…" 하는 식으로 대답하는 습관이 있었다. 여기서 스승은 물론 피타고라스를 가리킨다. 이미 정해진 견해들이 아주 강해서 타당한 이유가 제시되지 않은 채 권위가 모든 것을 지배하는 식이었다."

## 교육의 정치적 중립

교사의 정치적 중립은 소홀히 해서 안 되며 준수해야 할 의무다. SNS에 댓글을 달아 징계를 당하거나, 시험 문제를 정치와 연계해 출제하여 기사화되는 상황은 바람직하지 않다. 정치적 성향이 다를 수 있으나 중립은 지켜야 한다. 어둠이 스스로 어두운 게 아니라 밝음 때문에 어두운 것이고, 밝음이 변하여 어두운 것이라고 하지 않는가. 교사의 정치적 성향을 교실에서 드러낼 필요는 없다.

《교육개혁을 디자인한다》에서 저자는 교직의 전문성과 학교의 자율성 강화를 제언한다. 그중 "교사는 모두 대학원에 다니게 해야 한다"는 주장에는 공감하지 않는다. 한국의 경우 대학 교수들의 밥벌이에 보탬이 될 뿐이라는 생각이 먼저 든다. 투입 대비 효과가 높은 대학원 커리큘럼 중 하나가 교수가 강의하는 교육대학원이라는 소문은 알려진 사실이다.

민주시민교육과 관련하여, 《분노하라》는 분노할 줄 알아야 진보가 있고 민주주의가 발전한다고 한다. 정치 분야는 잘 알지 못하나 생활 속에서, 제도에서 바꿔야 할 것들을 생각한다. 무관심은 최악의 태도이고 분노할 줄 모르면 권력은 전제화한다. 분노가 폭력이어서는 안 된다. 참여라는 방법을 통해 분노하여야 한다.

교직 경험과 독서를 통한 배움을 이은 성찰에서 선택적으로 실행할 수 있는 일을 생각한다.

**첫째,** 제도적으로 보장된 교육 과정의 자율성을 누리지 못하는 학교를 보면 아쉬움이 크다. 하루 10분이나 20분 아침 독서 시간을 운영하나 효과를 검증하기 쉽지 않다. 양서 읽기에 기울이는 노력이 너무 미약하다. 독서의 중요성을 절감하는 학교장이라면, 학부모의 동의를 이끌어 주당 1시간, 혹은 2시간씩을 독서 시간으로 설정하여 전교생이 함께 책을 읽도록 할 수 있을 것이다. 이를 위해 책을 많이 읽었을 뿐만 아니라 독서 지도에 특별한 능력이 있는 교사를 초빙할 수 있지 않을까? 학생들이 학창 시절에 지적 희열을 경험할 수 있기를 기대한다.

**둘째,** 교사 간 행정 업무의 편재를 극복하는 방법으로 교무행정사에게 의존할 것이 아니라 일정 기간 교사 연수를 통해 행정 업무를 처리할 역량을 키워야 한다. 행사 기획서조차 설계하지 못하고, 교사는 수업만 하면 된다는 억지 주장은 이기적이고 부끄러운 짓이다.

**셋째,** 유학 가는 자녀를 둔 부모와 유학생이라면, 《오리엔탈리즘》을 이해하고 떠나도록 해야 한다. 오리엔트가 서양인의 경험 속에 차지하는 지위에 근거한 사고방식이 오리엔탈리즘이다. 쉽게 풀어 서양이 우위에 있고 동양은 열등하다는 사고와 행동이다. 이들에게 배워오면 같은 사고를 할 것이라 우려한다. 이미 우리는 서구화된 정치, 경제, 사회, 문화 시스템 안에서 살고 배운다. 교사와 학생이 서양 문화를 이해하려고 《그리스 로마 신화》를 읽은 것은 다른 차원이다.

## 국가와 교육

교육 분야에서 국가가 할 일은 무엇인가 생각한다. 국가가 책임질 교육은 '공동체에서 살아가는 법'이어야 한다. 각자가 '좋은 삶'을 살 방법을 찾아갈 수 있도록 도와주는 교육이 돼야 한다. 획일성을 탈피하고 협력과 소통 능력을 높이는 일에 더욱더 중점을 두어야 한다. 직업 교육이건 대학 교육이건 개인이 교육받는 것은 사회에 이익이 되니 가능한 범위와 시기에 따라 무상으로 제공해도 될 것이다.

우리 교육에서 늘 근본적인 문제인 대학 입시를 위한 경쟁 때문에 교육 개혁이 좌절된다. 대학은 정말 공부하려는 사람만 가는 학교가 되도록 해야 하지 않을까. 주입식 교육으로는 철학적이고 고차원적인 사고를 하도록 교육할 수 없다. 프랑스 교육개혁은 보수 중의 보수인 드골이 해냈음을 참고해야 한다.

한국교육과 관련해 《키루스의 교육》과 《서울대에서는 누가 A+를 받는가》를 떠올린다.

키루스 대제는 오늘날 이란 사람들이 특별한 존재로 여긴다. 보수적인 규율을 강제하는 이슬람 통치 체제에 반발하며 “진정한 이란의 통치자는 키루스 같은 이여야 한다”고 믿는다. 영화 〈300〉은 다분히 오리엔탈리즘적인 프로파간다가 풍긴다. 크세르크세스가 왕인 페르시아는 억압적인 전제정치를 하는 나라로 그리고, 민주적인 그리스 세계가 페르시아를 무찌르는 것으로 그린다. 그런데 《소크라테스 회상》을 저술한 크세노폰은 키루스를 흠모하여 페르시아 용병으로 참전하기도 하고 《키루스의 교육》을 썼다. 과거와 현재에 페르시아를 보는 관점이 이처럼 다르다. 《키루스의 교육》은 점수를 따고, 스펙을 쌓아 대학과 취업에 자녀를 내모는 우리나라 현실에서 반성의 거울로 삼을 내용을 담았다. 일화를 통해 책을 관통하는 메시지를 읽는다. 키루스는 청년 교육을 받던 시절 페르시아적 정의관과 다른 견해를 피력한다.

“키루스는 한 선생님에게서, 작은 옷을 갖고 있던 덩치 큰 소년이 큰 옷을 갖고 있던 덩치가 작은 소년을 발견하고는 작은 소년에게서 큰 옷을 빼앗아 자신이 입고 있던 작은 옷을 소년에게 입혀주었을 때, 어떤 판결을 내리면 좋겠냐는 질문을 받는다. 이에 키루스는 두 사람 모두 자기 몸에 맞는 알맞은 옷을 갖게 되었으므로 둘 다 좋아졌다고 대답했는데, 선생님은 그의 판단이 잘못되었다고 꾸짖었다. 옷이 잘 어울리는지를 판단 기준으로 삼을 때는 키루스의 판단이 옳지만, 옷의 주인이 누구인지를 기준으로 삼을 때에는 판단을 잘못했다는 것이다. 선생님은 키루스에게 법을 따르는 것이 옳은 것이며, 이에 어긋나는 것은 그른 것이라고 지적했다."

결국, 키루스는 자신의 정의관, 즉 '누구의 것인가' 라는 원칙보다는 '누구에게 더 어울리고, 적합하고, 이득이 되는가' 라는 관점에 따라 제국을 건설해 나갔다.

《서울대에서는 누가 A+를 받는가》에서 가장 중요한 사실은 학생들 속에서 '배움' 이 일어나도록 수업 방식이 혁신적으로 바뀌어야 한다는 것이다. 집어넣는 교육에서 꺼내는 교육으로, 듣는 교육에서 말하는 교육으로, 질문이 없는 교육에서 질문을 발굴하는 교육으로, 우리의 교육은 바뀌어야 한다. 이렇게 되도록 제도적인 정책이 뒷받침되어야 한다. 이러한 제도와 정책의 변화는 우리가 인식하고 있는 교육 패러다임 자체가 바뀌어야만 가능하다. 그 변화의 주체는 우리 사회 전체가 되어야 한다.

# 행복과 불행은 함께 온다

어린 시절을 돌아보면 초등학교 입학식 때 왼쪽 가슴에 손수건을 달고 아버지를 따라갔다. 숙제만 잘하면 수업을 따라갈 수 있었다. 중학생이 되니 시간마다 다른 선생님이 들어오고 난도가 높아져 당황했다. 고입 선발고사를 거쳐 고등학생이 되었고, 친구들이 공부하는 것을 보아가며 집에서 가까운 대학교에 입학했다.

결혼해서 가정을 꾸리고, 자식이 생기는 건 전혀 다른 세상이었다. 사랑으로 결혼한다 해도 마찬가지다. 더구나 직장생활이란 건 누가 가르쳐 주지 않아 스스로 배워야 한다. 승진이라도 할라치면 안테나를 세우고 남보다 많은 시간과 노력을 쏟아야 한다.

결혼 생활, 자식 교육, 직장 생활은 누가 가르쳐 주지 않고 스스로 깨우쳐가다 보니 시행착오가 적지 않았다. 학창 시절 시행착오는 벼락공부로 만회한다지만, 성인의 삶은 만회가 쉽지 않다. 베이비 붐 세대의 막내가 경험한 삶이다. 행복한 삶을 꿈꾸며 사람들은 삶의 지혜, 자기계발, 인생관에 관심을 둔다. 이 중에는 책을 읽어 삶의 의미를 찾는 사람이 있다.

무엇보다 고통과 시련을 통해서 인간은 더 강해진다.

행복한 인생을 꿈꾸지 않는 사람은 없다. 모두가 행복한 인생을 사는 것도 아니다. 타인의 눈에 보이는 삶은 행복해 보일 수 있으나 내면에 고통이 있을 수 있다. 불행해 보이는 사람 중에도 남이 알지 못하는 행복을 느끼며 살아가기도 한다. 행복은 남의 눈에 비치는 대로 평가할 것이 아니다. 자신의 기준으로 평가하는 것이 옳다. '행복과 불행은 함께 온다' 고 하지 않는가. 불행이라는 시련과 고통은 이겨낼 때 더는 불행이 아니며, 더 큰 행복으로 느낄 수 있다. 하늘을 날 듯이 기쁜 날도 있지만, 나락으로 떨어지는 일도 있다. 이겨내는 것은 자기 일이지만, 기쁘고 슬픈 일은 외부에서 주어지는 것이다. 외부의 조건과 상황의 문제를 극복하는 삶이 진정으로 행복한 삶일 것이다. 책을 읽다 보면 인생의 굴곡이 나에게만 존재하는 것이 아님을 확인한다. 그리스 로마 신화는 신에게도 굴곡은 있음을 보여 준다. 하물며 인간의 인생에 고통과 시련이 없을 수 없다. 이런 문제의식으로 책을 읽고 인생을 꾸며간다.

서사시에서 읽어낸 인생의 굴곡, 역사 속 인물이 증명하는 인생의 어려움과 이겨냄, 현재를 살아가는 사람이 고통과 시련을 이겨내는 모습을 찾는다. 우리는 어떤 삶이 부럽고, 선택할 기회가 있다면 누구의 삶을 선택할 것인가? 질문에는 읽지 않으면 알 수 없다는 전제가 있다. 고통과 시련을 겪으며 삶을 살아간 여러 가지 사례들이다.

### 고대인이 보는 신과 인간의 삶

고대 서사시를 통해 서양과 인도 사람의 인생살이를 살펴본다. 이윤기의 《그리스 로마 신화 5》에서 아르고 원정대의 모험은 금양 모피를 찾아와 이아손이 왕좌에 앉게 되어 성공적으로 끝난다. 성공을 본 오비디우스는 "금양 모피 역시, 손에 넣는 수고에 비하면 하찮은 것…"이라고 말했다. 모험은 절대 쉽지 않아 수고로웠다.

오비디우스의 《변신 이야기》에서 여신 팔라스와 베 짜기 시합을 벌인 아라크네는 훌륭한 작품을 짰으나 여신의 노여움으로 거미가 되어 지금도 베를 짜고 있다. 니오베는 신보다 행복하다고 떠벌리다가 신에게 자식들을 모두 잃고 대리석이 된다.

테레우스의 욕정이 처제 필로멜라를 범하고 가둔다. 필로멜라는 탈출하여 언니를 만나고 프로크네와 필로멜라 자매의 복수로 자식(이튀스)을 먹은 테레우스는 후투티라는 새가 되었다. 프로크네는 테레우스의 아내였다.

다이달루스는 깃털을 모아 밀랍으로 이어 붙여 날개를 만들어 아들과 하늘을 난다. 아버지의 충고를 잊은 이카로스는 높게 날아가다 밀랍이 녹아 날개를 잃고 바다에 추락한다.

오르페우스는 사랑하는 아내를 찾아 스틱스강을 건너 저승에 머무르는 신에게 청하여 아내 에우리디케를 이승으로 데려갈 것을 허락받았다. 오르페우스는 뒤돌아보지 않겠다는 조건을 어겼다. 《변신 이야기》의 수많은 일화는 고통과 시련을 빼놓지 않는다.

호메로스의 서사시는 신들이 벌이는 인간의 전쟁이요, 신들의 전쟁이다. 전쟁에는 승패가 있다. 패가 없으면 호메로스의 서사시는 성립하지 않는다. 인간의 전쟁에서 어느 한쪽 편을 든 신은 인간이 패하면 신도 패한 것이다. 승패에는 신에게도 예외가 없다. 《길가메시 서사시》의 홍수 이야기는 성경 속 노아의 방주와 유사하다. 시기적으로 이 서사시가 더 오래된 것이니, 노아의 방주는 길가메시 서사시의 모방이 아닐까? 친구 엔키두의 죽음을 슬퍼하는 길가메시를 통해서 우정을, 이시타르를 통해서 선과 악을 함께 갖는 신의 모습과 이후 기독교의 하나님이 선과 악을 공유하는 모습을 떠올린다. 진시황제가 불로초를 찾는 것처럼 인간의 죽음에 대한 두려움과 영원한 생명에 대한 희구의 역사가 오랜 것임을 알게 한다. 신은 죽지 않을 뿐이지 선과 악을 함께 갖고 있다.

## 서양인이 보는 인생이란

《소크라테스의 변명》의 마지막 문단이 이렇게 끝난다.

"이제 떠나야 할 시간이 되었습니다. 각기 자기의 길을 갑시다. 나는 죽기 위해서, 여러분은 살기 위해서. 어느 쪽이 더 좋은가 하는 것은 오직 신만이 알 뿐입니다."

독배를 들어야 했던 소크라테스의 삶은 불행한가? 가르침을 남겼고, 플라톤과 같은 훌륭한 제자를 두었으니 행복한 삶이었다고 평가할 만한가? 어떤 기준으로 평가해야 하는가?

《안티고네》에서 소포클레스 비극의 주인공들은 모두 알 수 없는 운명 앞에서 인간으로서의 한계를 드러낸다. 고통을 통해 마침내 지혜를 얻고 초연한 마음으로 죽음에 임함으로써 인간 정신의 위대성과 존엄성을 드러낸다. 안티고네의 삶은 어떻게 바라보아야 하는가.

《엥케이리디온》에서 에픽테토스는 기원후 1~2세기에 로마 여성 노예의 아들로 태어나 '운명적 불행'을 즐기며 살았던 스토아 철학자라고 알려져 있다. 철학자의 삶을 살았으니 행복한가? 노예라는 신분의 제약이 있었으니 고통과 시련이 많았지 않을까?

세네카의 《행복론》은 인생을 얼마나 유용하게 시간을 사용하는가로 평가한다. 시간을 허비하고 있는 것은 아닌지 생각하게 한다. 장수하는 것이 무조건 행복한 것만은 아니라고 말한다.

《카이사르 내전기》를 통해 카이사르는 자기 철학이 있는 진정한 군인의 삶을 살았음을 안다. 내전기를 읽어 카이사르의 판단력과 전략을 대하니 대단한 군인이라 생각한다. 게다가 당시 서양의 전쟁은 적을 전멸시키거나 패잔병을 노예로 삼는 게 일반적인 상황이었음에도 카이사르는 대부분 적을 풀어준다. 약탈도 절제한다. 특히 놀라운 것은 적군의 지휘관을 생포하고도 거취를 적에게 맡겨 새로운 전장에서 다시 적으로 만나고, 그를 다시 잡아도 다시 놓아준다는 것이다.

《손자병법》이 내전을 상정하고 지어져 적을 전멸시키는 것보다 싸우지 않고 항복을 받아내는 것이 최고라고 평가하는 것과 통한다. 그 후 제정 시대를 열어 황제가 되었으나 공화주의자였던 키케로의 눈에는 독재자로 보였다.

《명상록》은 마르쿠스 아우렐리우스가 삶을 대하는 자세를 가르친다. 부러울 것이 없으리라 생각하는 로마 제국의 일인자가 양심적이며 실천적인 황제로 거듭나기 위해서 끊임없이 자신을 채찍질한 참모습을 보여준다. 그가 그토록 열망했던 삶에 대한 혜안과 인생에 대한 겸손한 자세를 찾아가는 여정에서 쓴 명상록이다. 자신의 결함에 대한 경계, 스토아학파의 입장에서 자신에게 들려주는 충고와 반성, 본보기가 될 만한 교훈 성격의 짤막한 경구와 인용문, 신의 섭리, 인생의 무상함, 도덕적 정진 등 인류에 대한 관용을 다짐하는 자세들이 세세하게 기록되어 있다. 그의 삶이야말로 본받고 싶다.

《인간 불평등 기원론》과 《에밀》을 남긴 루소는 자식을 보육원에 맡겨 버리고 양육하지 않아 비판받았다. 《인간 불평등 기원론》은 인간 본성론을 탐구한 역사철학이다. 300년 전, 장 자크 루소는 당시의 사회에 만연해 있던 권력의 횡포와 부패한 사회를 살며 인간 불평등의 기원은 무엇인가를 고민했다. 《에밀》에서는 여성을 비하하고 교육이 필요하지 않다고 한다. 루소의 삶은 행복과 불행이 동전의 양면처럼 붙어 다녔다. 찬사와 비난도 그와 같았다.

《리바이어던》은 홉스가 혁명과 혼란의 시기에 왕과 귀족 그리고 이에 대항하는 여러 세력 간의 투쟁을 종식하고, 평화를 구축할 방안을 모색한 결과 탄생했다. 1651년 영국 런던에서 출간된 《리바이어던》은 한때 영국에서 금서였다. 자신의 역작이 금서였으니 행복과 불행의 척도로 판단하기 쉽지 않다.

《프랭클린 자서전》의 프랭클린은 학교 교육을 변변히 받지 못했으나 신문을 발행하고 번개와 전기의 방전에 관한 실험을 하고, 피뢰침을 만들었다. 미국 독립전쟁의 주역으로 제퍼슨을 도와 독립선언 기초위원으로 활동했다. 아들은 정치적인 이유로 그와 반대편에 서 있었으나 아들을 염두에 두고 자서전을 썼다. 한국에서 20세기 산업화 이전 시골 출신들이 겪었을 가난보다 더한 빈곤 속에 살면서도 검약하고, 절제하고, 희망을 품고 살았다. 프랭클린의 삶을 행과 불행 중 한쪽으로 판단할 수 없다.

《월든》에서 묘사된 데이비드 소로의 삶은 수많은 독자가 동경한다. 책에서 자연과 함께하는 삶을 볼 수 있기 때문이다. 소로는 성경, 셰익스피어 작품, 인도 철학과 베다, 중국 사상 등의 인용을 통해 자기 생각을 표현하는 것으로 보아 많은 책을 읽은 사람이다. 당시 미국 사람들이 생각 없이 현실에 안주하는 삶에 대해 비판하고, 하버드 대학과 기독교에 대해 냉소적인 태도를 보였음을 엿볼 수 있다. 그의 몇몇 냉소적인 표현을 접할 때는 그가 세상과 어울리지 않은 것인지, 못한 것인지 헷갈리게 만든다.

《불편한 진실》은 대통령 선거에 낙선하고 환경 운동가의 삶을 사는 앨 고어의 주장이다. 앨 고어는 2007년 노벨 평화상을 받았다. 레이첼 카슨이 《침묵의 봄》에서 관찰과 통계를 텍스트로 풀어 환경오염의 심각성을 공론화했다면, 앨 고어는 슬라이드 강연 과정에서 그래프와 생생한 현장 사진으로 환경오염의 폐해를 고발한다. 앨 고어의 인생을 어떤 기준으로 평가할 수 있을까?

《내가 알고 있는 걸 당신도 알게 된다면》에서 '미리 준비할 수 있다면 건강을 챙겨라. 나이 먹는 것은 생각보다 괜찮은 일이다. 노년의 시련과 고통은 금전의 문제보다 건강이 문제' 라고 한다. 행복과 불행의 갈림길이 있다면 그 길을 택하기 위해 무엇을 해야 하는가.

《그리스인 조르바》에서 실존하는 나와 타인이 보는 나가 다른 것처럼, 우리는 살면서 도덕과 관습, 권위에 억제된 '나' 와 내부의 '나' 가 다르다. 그리스인 조르바는 산전수전 겪었고, 이 두 가지 '나' 가 하나인 사람이다. 조르바의 삶을 부러워하는 사람은 불행한가?

《증여론》에서 코란의 내용을 다음과 같이 기술한다.

"너희의 재산이나 자식들은 하나의 시련에 지나지 않는다. 자기 자신의 탐욕을 누를 수 있는 자만이 번영하리라."

자식이 많으면 '다복하시네요' 라는 인사를 받던 시절이 있었다. 자식은 행복의 원천이지만, 불행의 씨앗도 될 수 있다.

《인간의 조건》의 작가 앙드레 말로는 1901년 11월에 태어나서

1976년 11월까지 문학가와 모험가로, 때로는 정치가로 20세기의 한 시대를 살았다. 프랑스에서 어떤 사람은 말로를 기회주의자로 평하기도 한다. 1959년 문화부를 신설하여 세계 최초로 문화부 장관이 되어, 이후 드골이 사임할 때까지 10년 동안 프랑스 문화를 이끌었다. 앙드레 말로가 오늘날 프랑스를 문화 대국으로 발전시키는 데 초석을 놓았다. 칭찬과 비난이 공존하는 삶, 이것이 인생이다.

《하브루타로 교육하라》를 읽으며, 준비 없이 사랑만으로 결혼하여 대책 없이 부모가 된 이후, 자식 교육에 대해 심각한 고민 없이 남들 하는 대로 따라가며 경쟁만 시켜온 세월을 되돌아본다. 책을 읽어가는 내내 부모로서 내가 얼마나 무책임했던가를 생각하지 않을 수 없다. 후회하니 불행하다고 보아야 하는가?

《촘스키, 은밀한 그러나 잔혹한》은 촘스키와 안드레 블첵의 대화를 기록한 것으로 서구화, 근대화라는 것에 어딘지 찜찜한 구석이 있다고 느끼는 사람들을 깨우친다. 두 사람은 밀란 쿤데라를 '조국을 팔아 자본주의 서구 사회에서 돈과 명예를 얻은 배반의 지식인' 이라고 비판한다. 그의 책 《참을 수 없는 존재의 가벼움》은 한국에서 베스트셀러였다. 쿤테라는 행복한 인생을 살았는가?

《미움받을 용기》의 심리학적 기반인 아들러는 유대인으로 태어나 어린 시절 폐렴으로 고생했다. 제1차 세계대전 후 빈에서 정신병원을 개원했으나 1932년 강제 폐쇄를 당했다. 열등감과 무력감을 극복하려는 권력 의지가 인간의 행동과 발달을 결정한다는 개인 심리학을 열었다. 아들러의 인생은 어떻게 바라볼 수 있을까?

《프루스트가 우리의 삶을 바꾸는 방법들》에서 성공적으로 고통받는 방법이란 고통을 성공적으로 이겨내는 방법이라 해야 할 듯하다. "행복은 몸에 좋지만, 정신의 강인함을 발달시켜 주는 것은 바로 슬픔"이라 한다. 고통은 우리에게 암호화된 형태로 지혜를 준다는 것을 인식하라고 한다. 지혜를 주는 고통은 행복일까?

톨스토이의 《살아갈 날들을 위한 공부》에서 "이 또한 지나가리라"는 솔로몬의 말도 "시간을 벗어나면 악은 없다"는 톨스토이의 말과 통한다. 행복과 고통과 시련이 만든 불행은 시간이 지나면 그리 중요하지 않고, 잊힌다.

《아무것도 하지 않는 시간의 힘》에서 휴식을 누리는 기술은 자유 시간을 얼마나 많이 가지고 있는가에 달린 게 아니라, 태도의 문제라고 잘라 말한다. "우리는 자기 시간의 주인이 되어야 한다." 새로운 가능성을 찾고 더 나은 대안이 무엇인지 고민하는 것을 포기할 줄도 알아야 한다. 주체적인 삶이 행복의 조건이라는 말로 해석한다.

## 작품에서 볼 수 있는 인생

서양 문학작품은 인생을 어떻게 그리고 있을까? 문학은 시대상을 반영하니 허투루 볼 일이 아니다.

《모리와 함께한 화요일》에서 모리 교수는 '죽음은 생명을 끝낼지언정 관계를 끝내는 건 아니다, 어떻게 죽어야 할지 알면 어떻게 살아야 할지 알게 된다, 할 수 있는 일과 할 수 없는 일이 있음을 인정하라, 과거를 부인하거나 버리지 말고 있는 그대로 받아들여라, 타인을 용서하는 법을 배워라, 너무 늦어서 어떤 일을 할 수 없다 여기지 말라' 고 조언한다.

"의미 없는 생활을 하느라 바삐 뛰어다니는 사람들이 너무 많아. 자기들이 중요하다고 생각하는 일을 하느라 분주할 때조차도 그 절반은 자는 것과 같지. 엉뚱한 것을 좇고 있기 때문이야. 인생을 의미 있게 보내려면 자신을 사랑해주는 사람들을 위해서 살아야 하네. 자기가 속한 공동체에 봉사하고 자신에게 생의 의미와 목적을 주는 일을 창조하는 것에 헌신해야 하네."

또 죽음을 두려워 말고 관계를 중시하며 의미 있게 사는 것이 행복임을 알린다.

"죽는 것은 자연스러운 일이다. 우리가 죽음을 앞두고 소란을 떠는 것은 우리를 자연 일부로 보지 않기 때문이다. 인간이 자연보다 위에 있다고 생각하기 때문이다."

《거미 여인의 키스》 중 슬픈 영화 이야기 끝에 주고받은 말이다.

"우린 현실을 있는 그대로 받아들일 수 있어야 해. 좋은 일이 일어나면 오래가지 않더라도 소중히 여길 줄 알아야 해. 영원한 것은 아무것도 없으니까."

현실을 직시하고 좋은 일을 소중히 해야 불행과 거리를 둔다는 말이다.

《인형의 집》은 결혼 생활 8년째인 주인공 노라가 인간으로 사는 삶, 여성으로 사는 삶을 자각하고 남성중심주의 사회의 관습에서 벗어나는 모습을 그린다. 130여 년 전 노르웨이(서구 사회라고 일반화해도 무방할 듯)에서 살던 여성의 모습과 2023년 한국 사회에서 사는 나의 아내와 내 딸들의 삶으로는 이해하지 못할 듯하다. 여성의 행복에 관한 시도를 본다.

## 고대 중국인이 본 인생

고대 중국 사람들의 기록된 삶을 보며 인생을 생각해본다.

《사기》는 사마천이 궁형을 감수하고 종이도 아닌 죽간에 써낸 중국 상고사다. 죽간이나 목간은 너비가 겨우 3㎝ 정도, 길이는 30㎝ 정도인 대나무 쪽이다. 기록할 수 있는 글자 수는 20~30자 정도에 지나지 않았다. 현재를 사는 우리가 《사기》를 읽을 수 있으니 사마천의 삶은 행복하다고 평가해야 하는가, 궁형이라는 고통과 시련에 비중을 두어 평가해야 하는가?

중국의 위·촉·오 삼국 대립과 승패를 다룬 나관중의 소설 《삼국지연의》와 이를 기초한 대중매체는 조조를 깎아내리고 유비를 높인다. 이른바 촉한 정통론을 바탕으로 삼는다. 조조의 삶과 유언을 살펴보면 억울할 듯하다. 위를 정통으로 삼은 진수의 역사서 《정사 삼국지 위서 1》 〈무제기(武帝記)〉에 따르면, 조조는 66세로 세상을 떠나기까지 혼란한 천하를 평정하려는 일념으로 살았다. 생전에 황위를 탐한 적이 없는 그의 유언을 통해서 참모습을 엿볼 수 있다.

"천하가 아직 안정되지 않았는데 또 고대의 규정에 따라 장례를 치를 수 없다. 매장이 끝나면 모두 상복을 벗어라. 병사를 통솔하며 수비지에 주둔하고 있는 자가 부서를 떠나는 일은 허락지 않는다. 담당 관리는 각자 자신의 직무를 다하라. 시신을 쌀 때는 평상복을 사용하고, 금은보화를 묘에 넣지 말라."

조조는 오히려 둔전제를 시행하여 전란기 굶주린 백성들을 살

펐고, 배반한 적일지라도 효를 행한 자라면 살려주었다.

《정사 삼국지 위서 2》에서 '전설적인 명의' 화타가 행한 진료 이야기는 신기하고 재미있다. 화타가 아내의 병을 핑계 삼아 조조 곁을 떠나있을 때, 조조가 '쥐새끼 같은 놈' 이라고 화타를 평하고 나중에는 그를 죽인 것을 후회한다. 화타의 인생을 어떻게 평가할까?

《정사 삼국지 촉서》를 보면 인생에는 결단의 시기가 있다. 유비가 죽음을 앞두고 제갈량에게 유언한다.

"만일 후계자가 보좌할 만한 사람이면 그를 보좌하고, 그가 재능이 없으면 군사가 스스로 취하시오."

유비는 태자 유선과 신하 제갈량을 동등하게 보고 말한다. 먼저 승진한다고 끝까지 상관이 될 수는 없다. 앞서거나 뒤지거나 하는 것이니 뒤설 때 섭섭해하지 말아야 한다. 섭섭하면 고통과 시련으로 여기게 된다.

## 명청대 중국인이 본 인생

중국에서 명청대 이후부터 현대 중국인이 보는 인생은 과거와 어떻게 다를까?

《명청청언》은 소품집으로 "마땅히 끝까지 힘을 쏟아야 할 두

가지 일이 있으니, 책 읽는 것과 자신을 이기는 것이 그것"이라고 한다. 책을 읽는 것과 자신을 이기는 일이 행복한 인생을 사는 길이라고 본다.

《이탁오 평전》을 읽으니, 기득권층은 유교의 전제에 맞선 중국 사상사 최대의 이단아 이탁오를 투옥했다. 세상을 조용하게 하고 그를 세상에서 잊히게 할 줄 기대했으나 현실은 반대가 되었다. 수많은 지기와 학자들이 그의 죽음에 분노하고 슬퍼했다.

그러나 저자에 따르면, 명 말부터 청조까지 공맹의 사상으로 물들여진 중국에서 봉건시대의 문화 전체주의에 반하는 민본과 자유를 부르짖은 이탁오의 사상이 새롭게 조명된 것은 1980년대가 되어서였다. 이탁오의 인생은 행복과 불행 중 어느 편일까?

《천연론》에서 테니슨의 시를 옮겨 놓았다. 행복과 불행이 혼자가 아니니 무소의 뿔처럼 혼자 가라 한다.

"푸른 바다에 배를 띄우니 망망한 바다에 풍파가 인다. 깊은 바다에 침몰할 수도 있고 신선이 사는 곳에 이를 수도 있으리라. 장차 어떻게 될지 그 누가 알 수 있으랴. 시간이여 시간이여 나는 나의 힘을 다할 뿐이다. 두려워하지 말라 장부가 반드시 가야 할 길이로다."

《루쉰 소설선》 중 단편소설 〈고향〉의 맨 끝부분은 너무도 잘 알려진 글이다.

"몽롱한 가운데, 나의 눈앞에서 해변의 초록빛 모래밭이 펼쳐졌다. 그 위의 쪽빛 하늘에는 황금빛 둥근 달이 걸려 있었다. 나는 생각했다. 희망은 본래 있다고 할 수도 없고, 없다고 할 수도 없다. 그것은 지상의 길과 같다. 사실은, 원래 지상에는 길이 없었는데, 걸어다니는 사람이 많아지자 길이 된 것이다."

루쉰은 희망을 만들어 행복해지자고 한다.

《중국인 이야기 3》에 혁명의 정신적 지주 위유런이 쓴 임종 전 애가(哀歌)를 소개한다.

"나 죽으면, 높은 산 제일 꼭대기에 묻어라
대륙 산하를 볼 수 있는 곳
대륙이 보이지 않으니, 할 수 있는 건 오직 통곡뿐!
나 죽으면 높은 산 제일 꼭대기에 묻어라
두고 온 내 고향 볼 수 있도록
보이지 않지만, 영원히 잊을 수 없는 곳
하늘은 아득히 창창하고, 들판은 끝없이 망망한데
산 위에 올라보니, 온 나라가 상중이다."

위유런은 국민당과 중국 공산당의 인재 쟁탈전의 0순위였다고 한다. 그의 삶은 어떠한가?

### 일본인의 인생살이

일본 사람들이 생각하는 인생은 어떤 모습일까?

《설국》에서 때로는 순수한 인생을 꿈꾼다. 자연과 그 변화에 대한 섬세한 묘사, 게이샤인 고마코의 시마무라에 대한 사랑, 이에 대조적인 시마무라의 차가움과 무사랑, 소설의 시작 부분에서 나타나지만 내용상 미미했고, 시마무라의 마음을 끌다가 소설의 끝부분에서 죽음으로 나타나는 요코 등 인간의 운명을 그린다. 도회에서, 복잡한 인간 세계에서 떨어진 한적한 온천장을 무대로 눈 속에서 피어나는 순수하고 아름다운 이야기이다. 현재의 삶의 방식으로 가깝게 이해할 수 없는, 그래서 한참이나 예전으로 나를 옮겨가야 소설의 참맛을 느낀다.

《만엔 원년의 풋볼》을 쓴 오에 겐자부로는 일본 천황이 주는 훈장을 거부했다. 일본 우익으로부터 좋지 않은 평가를 받는 모양이다. 그가 패전 후 서양식 교육(프랑스 문학)을 받은 영향이었을까? 오에 겐자부로는 일본 근대 문학에서 우뚝 서 있는 소설가다. 겐자부로는 행복한 삶을 살았는가?

《혼자 있는 시간의 힘》은 누구에게도 휘둘리지 않는 내가 되기 위하여 한계를 알아야 가능성을 알 수 있다고 한다. 죽음은 언제 어느 때 일어나도 괜찮은, 삶의 연장선에서 존재하는 것이다. 성장하려면 적어도 한 번은 익숙한 지점에서 빠져나와 그것들과 단절하는 시간을 가져야 한다.

혼자인 시간은 피할수록 더 괴로워진다. 고독을 '성장을 위한 과정' 으로 받아들이라 한다. 교양은 고독에 대한 처방전이다. 독서에 익숙해지면 고독에 짓눌리는 일은 없을 것이다. 혼자 있는 시간에 책을 읽어 고독을 이겨내며 성장하는 삶이 행복한 인생으로 가는 길이란 거다.

## 한국인의 인생살이

한국인이 보는 인생은 어떠한가?

《언행록》은 율곡 이이가 처음 급제하였을 때, 승문원에서 선배들에게 공손치 못하다고 보고하여 파직을 당했다고 기록한다. 그 소식을 듣고 퇴계 이황도 한 술 뜬다.

"새로 들어온 사람을 씌워서 괴롭히는 것은 도리에 맞지 않는 일이다. 그러나 이미 그런 줄 알고서 이 길로 들어섰으니, 어찌 혼자만 면할 수 있겠는가? 이 군의 일은 어찌 그리되었는지 모르겠으나, 후배 중에서 혹시 기를 숭상한 나머지 사람을 얕보고 오만하게 선배를 대하며 제멋대로 말을 듣지 않은 일이 있다면, 듣고 보기에도 놀라울 뿐 아니라 의리에도 마땅치 않다."

존경받는 대학자이자 임금의 신임이 두터운 대신이던 율곡도 고통과 시련을 겪었다.

《조선상고사》에서 단재는 우리 역사 이래로 바다를 건너 영토를 둔 임금은 오직 백제의 근구수왕과 동성대왕 양대뿐이라는 사실을 밝힌다. 단재는 고리타분한 사학자가 아니었다. 베르그송을 말하고 이집트의 지리를 알고 있었으며 영어를 독학으로 배워 신학문에도 조예가 있는 학자였다. 우리는 근구수왕과 동성대왕, 단재를 잊고 산다. 잊힌, 기억하지 않는 삶이라도 인생이다.

《광장》에서 듣는 문장이다. 낙동강 전선의 동굴에서 은혜가 명준에게 한 말이다. "죽기 전에 부지런히 만나요. 네?" 가슴이 짠하다. 이 순간은 행복과 불행이 겹쳐 있다.

《엄마를 부탁해》를 읽으니 부끄러움이 앞선다. 매월 용돈만 드리면서도 효도는 아닐지라도 내 몫은 하고 있다고 생각하며 살아왔다. 소설 속의 딸과 아들이 바로 나다. 다행인 것은 살아 계시다는 것. 불효자식은 행복하기 어렵다. 불행에 가깝다.

《직언》에서 데카르트가 제시한 행복한 삶을 가능하게 하는 실천 원칙도 스토아 철학에서 나왔다.

"언제나 부를 정복하기보다는 자기 자신을 정복하고, 기존의 질서보다는 나의 욕망을 바꾸려고 노력하며, 자기 생각 이외에는 그 무엇도 온전히 통제할 수 없음을 믿으며, 그럼으로써 외적 문제를 해결하려 최선을 다한 후에는 더할 수 있는 일이 없다는 것을 믿어라."

《낯선 곳에서의 아침》은 변화란 무엇인가 묻고 답한다. 그것은 살아있다는 것이다. 모든 살아있는 것은 변화한다. 변하지 않는 것들은 죽은 것이다. 1년 전과 똑같은 생각을 하고 있다면, 당신은 1년 동안 죽어 있었다. 만일 어제와 똑같은 생각을 하고 있다면, 지난 24시간은 당신에게 죽은 시간이다. 의미 있는 생각과 행동으로 변화할 때 불행과 멀어질 수 있다는 말이다.

법륜 스님은 《인생 수업》에서 부정적인 것을 보면 긍정적인 것을 찾고, 단점이 보이면 장점을 찾으라 한다. 꼬인 실타래를 푸는 시작은 타인에게가 아니라 자신에게서 찾으라 한다. 인생의 행과 불행은 자신에게 달려있음을 확인한다.

《장졸우교》는 인생을 바라볼 때, 사람의 인식은 객관적인 것이 아니라 주관적이라는 것, 우리의 생각을 좌우하는 것은 눈앞에 있지 않고, 오히려 눈 뒤에 있다고 한다. 회의장에서 많은 사람이 자기의 주장을 말하면서 '객관적으로 볼 때' 라는 말을 꼭 넣고 말한다. 회의가 마무리될 때쯤 여러 사람의 의견을 들어보니 많은 사람이 공감하는 것일 때 '객관적으로' 라는 말을 붙여도 늦지 않은데 말이다.

《에디톨로지》에서 문화심리학자 김정운의 평가를 보자.

"프로이트는 사기꾼이었으나 그런데도 위대한 편집자였다. 그는 오이디푸스 콤플렉스, 거세 콤플렉스, 나르시시즘, 억압, 트라우마, 리비도, 투사, 치환이라는 정신분석학적 개념을 만들었다. 프로이트의 정신분석학은 편집 가능성이 무궁무진하다."

한국 문화심리학자에게 프로이트는 과대 평가된 학자다.

《나무처럼 살고 싶다》는 겨울이 되면 가진 걸 모두 버리고 앙상한 알몸으로 견디는 그 초연함, 아무리 힘이 들어도 매해 꽃을 피우고 열매를 맺는 그 한결같음, 평생 같은 자리에서 살아야 하는 애꿎은 숙명을 받아들이는 그 의연함, 그리고 이 땅의 모든 생명체와 더불어 살아가려는 그 마음 씀씀이를 우리가 정말 알아야 할 삶의 가치라고 말한다. 인생은 누가 어떻게 바라보고 의미를 부여하는가에 따라 다르다.

《어설픔》의 프롤로그는 '그대가 아프기를 바랍니다' 이다. 한 의사가 상대에게 아프길 바란다는 게 환자로 와서 돈을 쓰고 가란 뜻이 아니다. 아프면 자신을 되돌아보고 쉬게 된다는 거다. 경쟁 사회 속에서 아옹다옹 살면서 찌든 몸과 마음을 새롭게 하기에 '아픔은 한 가지 수단' 이란 의미다.

《탈무드에서 인생을 만나다》는 경제력이 흔들리면 가정도 흔들린다고 말한다. '어려운 시기도 빛과 그림자가 함께한다. 어려움을 이겨내고 나면 사람이 한층 더 성숙해진다. 자신감과 자부심도 커지고 겸손해진다. 인생은 오르막과 내리막의 조합이다. 부자란 즐길 수 있고 만족할 줄 알아야 한다. 인간은 불완전한 존재임을 잊지 말라며 고난은 바라보기 나름이란다. 행복과 불행은 마지막 순간에야 알 수 있다. 강한 욕망이 영혼을 더럽힌다. 작은 선행을 반복하라' 등 수많은 조언을 건넨다.

《여덟 단어》는 현재에 의미를 부여하지 않으면, 행복은 삶이 끝나갈 때쯤에나 찾게 될 것이라고 한다. 좋은 일이 있을 때는 행운이라 굳게 믿고, 나쁜 일이 있거나 실수를 저지르면 '병가지상사' 를 떠올려라. 인생은 개인의 노력과 재능이라는 씨줄과 시대의 흐름과 시대정신 그리고 운이라는 날줄이 합쳐서 직조된다. 하지만 많은 사람이 나의 의지와 노력과 재능이라는 씨줄만 놓고 미래를 기다린다. 치고 들어오는 날줄의 모양새는 생각도 하지 못한다. 인생의 목표를 세우고 그걸 이뤄내 성공한 사람들이 많다. 하지만 하루하루를 성실하게 산 사람들보다 행복하지 않을 확률이 높다.

인생에 공짜는 없다. 보나파르트는 "지금 내가 겪고 있는 불행은 언젠가 내가 잘못 보낸 시간의 결과"라고 한다.

《검색의 시대, 사유의 회복》에 따르면 우리의 갖가지 괴로움과 불안, 불만족은 숙명적인 것이 아니다. 그에 맞는 원인이 있다. 본래부터 있는 것이 아니라 여러 조건이 합쳐져 고통이 생긴다. 고통은 영원한 게 아니다. 조건으로 말미암아 생겨난 것임으로 고통의 원인을 찾아내면 없앨 수 있다. 그래야 자유와 안락한 삶을 살 수 있다. 스님의 조언은 연기론에 따른 것이다.

《섬진강 진뫼밭의 사랑비》는 현재를 사는 평범한 사람의 인생을 담은 이야기다. 근대화되어 사라져가는 사람들의 모습을 출판사 '뿌리깊은나무'에서 《숨어 사는 외톨박이》(전2권)에 담았다. 《섬진강 진뫼밭에 사랑비》는 베이비붐 세대가 겪은 농촌의 삶과 부모님들의 가난을 추억으로 엮어낸 산문이다. 같은 시대를 살아온 사람이라면 울먹일 것이 뻔하다. 저자는 행복한 사람이다.

《한근태의 독서일기》는 시간이라는 목발은 헤라클레스의 무쇠 몽둥이보다 더 큰 능력을 발휘한다고 해석한다. 신은 회초리가 아니라 시간으로 인간을 단련시킨다. 실패는 과거가 화려할수록 비참하고, 성공은 과거가 비참할수록 빛난다고 전한다.

수년 전 텔레비전에서 "행복하세요", "부자 되세요"라는 광고에 행복해야만 하고, 부자가 되어야만 하는 줄로 알게 된 사람이 많았다. 마치 부자가 행복의 조건이고 부자가 아니면 불행하다는 어불성설의 상황이 벌어진 거다. 2023년 《세이노의 가르침》과 《쇼펜하우어 아포리즘》을 많은 독자가 읽는다. 현실을 자각하는 사람이 많아진다는 방증이다.

57권의 책을 읽어가며 인생이란 어떤가를 살펴보면 동양과 서양, 과거나 현재에 공통된 지점이 있다.

현재의 삶이 중요하니 죽음을 두려워하지 마라. 인생의 주체는 자신이며 행복과 불행은 함께 존재한다. 행복이 따로 있는 것이 아니라 고통과 시련이라는 불행을 이겨내는 것이 행복이다. 불행도 시간이 흐르면 크기가 작아지고 잊힌다.

항상 맑으면 사막이 된다. 비가 내리고 바람이 불어야만 비옥한 땅이 된다. 인생은 오디세이 서사시다.

# 모든 진실은 연속된 오류의 수정이다

책 읽기를 좋아하니 이런저런 책이 눈에 보인다. 책을 읽다 보면, 지적 호기심이 생겨 읽은 책과 관련 있는 책을 찾게 된다. 내용이 전문적인 책은 지엽적일 수 있어 관심 영역을 넓히기 쉽지 않지만, 일반 상식 수준이라면 넓혀가기 쉽다. 박학의 기쁨, 넓게 아는 즐거움이다. 역사 책을 읽으면, 새로운 역사적 사실과 배경, 인물을 만나고, 어떤 영향을 미쳤는지 알게 된다. 학교에서 배우지 못한 역사를 재구성하니, 역사는 매일 연구자에 의해 새롭게 쓰임을 알겠다.

《책벌레들 조선을 만들다》, 《갑진왜란과 국민 전쟁》, 《고종 시대의 재조명》, 《대한민국의 설계자들》은 한국 역사를 다루며 학교에서 다루지 않은 진실을 발굴한다. 왕조 중심의 역사가 아니라 저자의 관점에 따라 문제의식을 해결하려는 연구 결과물이다. 《학교에서 가르쳐 주지 않은 일본사》는 일본이 우리에게 저지른 역사 문제의 귀결인 반일 감정을 한쪽에 치워두고 있다.

에도 바쿠후의 성장 배경을 재미있게 풀어놓는다. 《제국의 폐허에서》는 20세기 초 아시아 여러 지역에 살던 사람들이 국제 정세를 어떻게 파악했는가를 엿볼 수 있다. 우리가 미처 알지 못한 관점을 만날 수 있다. 《아틀라스 중앙 유라시아사》는 미지의 세계를 개척한다는 관점에서 연구한 것이라 새롭고 신선한 내용이 적지 않다. 《미국, 제국의 연대기》와 《셰일 혁명과 미국 없는 세계》는 20세기 이후 세계 최강대국으로 성장한 미국의 성장기와 전망을 담고 있다. 언급한 책들은 문제의식을 느끼고 해답을 찾아가는 과정을 볼 수 있어 흥미롭다. 다섯 가지로 구분하여 각각 문제의식은 무엇인가, 내용과 영향은 어떠한지 살펴본다.

## 책벌레들 조선을 만들다

세계기록유산으로 지정된 《직지심체요절》은 금속활자로 인쇄하였다. 우리는 이 책을 두고 흔히 '세계 최초의 금속활자 인쇄본' 이라는 점은 강조하지만, 금속활자가 미친 사회적 영향을 언급하는 일은 드물다. 금속활자로 《직지》 외에 어떤 책을 얼마나 인쇄했고, 어떤 역사적 역할을 했는지 진지하게 고려한 적이 없다는 문제의식은 강명관이 《책벌레들 조선을 만들다》

를 쓴 까닭이다.

책은 어떤 의미에서는 인간을 책 속에 가두고, 어떤 의미에서는 인간을 해방한다. 조선의 사대부가 책으로 만들어졌고, 사대부를 만든 책이 담은 유교 이데올로기가 조선시대를 살았던 사람들의 의식과 행동에 영향을 미쳤다.

다음은 교육 과정을 편성할 때 구체적이거나 중요하지 않다는 판단, 혹은 부끄러운 부분이라는 이유로 중등학교에서 가르치지 않는 내용 몇 가지를 골라본 것이다.

• 처음부터 한글로만 쓰인 책을 찍기 위해 한글 금속활자를 만들지 않았다. 조선 후기 서민 문학작품은 대부분 필사본이었다. 조선은 교서관(校書館)이나 지방 감영 등 국가기관을 통해 책을 인쇄하고 유통하는 한계가 있었다.

• 조선조에는 사후 간행된 문집 200~300부를 친지에게 나누어 주는 수준에 머물렀다. 조선에는 출판업자가 없었고 상업적 출판은 20세기 초에 나타난다.

• 문인과 지식인이 읽은 책은 중국의 책들이었다. 조선 저자의 것이 아니었다. 명나라 성조 때 편찬된 《사서대전》, 《오경대전》은 세종 때 수입된 이후 조선에서 사서오경의 독점적인 판본이 되었다.

• 조선의 독서 문화는 19세기 말에서 20세기 초에 붕괴하였

다. 언문일치운동으로 막대한 양의 책이 폐기되거나 일제 강점기에 해외로 반출되었다.

• 계미자는 하루 10장 미만, 경장자는 20장, 갑인자는 40장을 인쇄할 수 있었다. 갑인자는 조선의 대표 활자다. 당시 중국은 비용 탓에 목판으로 회귀하였고, 일본은 금속활자를 몰랐으니 조선이 최고 수준이었다. 그러나 조선 활자는 대략 10만에서 30만 자로 금속활자는 사대부의 전유물이었다.

• 조광조는 모든 개인이 도덕적 인간이 되는 이상 사회를 추구했다. 이를 실현하려 《삼강행실도》, 《이륜행실도》, 《여씨향약》, 《열녀전》 등을 보급하였다. 이 윤리 서적은 《소학》에 근원을 두고 있다. 현재 《소학》은 인간의 일상과 일생을 구체적으로 제약한 규범이었다는 비판을 받고 있다.

• 임진왜란 기간에 경복궁이 불타고 고려의 전적과 조선 건국 후 200여 년 동안 생산된 문서가 타버렸고, 전국 지방 관아에 있던 많은 목판도 같은 처지였다.

• 이수광의 《지봉유설》은 20권으로 모든 분야를 담고 있다. 책은 3,435조목, 등장인물 2,265명, 서적의 저작자 348명을 포함한다. 베트남, 라오스, 태국, 자바, 캄보디아, 방글라데시, 필리핀 등 30개 아시아 국가와 포르투갈, 영국 등 유럽 여러 나라를 소개한다. 이전의 한국 역사에서 이와 유사한 저작은 없다.

• 이익의 《성호사설》은 '과거시험 공부를 위한 학문이 사람의 본성을 해친다, 시 · 부 등 문장으로 국가 경영 인재를 선발하는 건 잘못이다, 서울과 시골의 문화적 불평등이 권력의 불평등이 된다, 혼인으로 당파를 형성하는 고질병은 명철한 임금도 어쩔 수 없다, 노비제도는 폐지해야 한다, 재물은 노동의 대가여야 한다' 는 등 현실에 기초하면서도 혁신적인 생각을 담고 있다.

이 같은 사실과 함께 아쉬운 점도 있다.

정조는 북경에서 수입된 책이 조선 지식인을 오염시키고 주자학을 해친다고 판단하여 서적 수입금지령을 내렸다. 당시 북경에는 수만 권을 갖춘 대형서점이 11개나 있었으나 조선에는 서점이 없었고, 서적 거간꾼인 서쾌만 존재했다. 박제가의 《북학의》, 박지원의 《열하일기》, 정약용의 여러 저술은 당대에 인쇄되거나 보급되지 못하고 1900년에야 인쇄하여 발행됐다. 《여유당전서》는 1936년에야 출판됐다. 이에 견주어 일본은 17세기 이후 200여 개 출판업자가, 18세기 중반에는 연간 1,000여 종 신간이 출판 문화를 이끌었다. 에도시대에 일본에는 서점이 많아 서적의 거래가 활발했다. 일본의 근대화가 하루아침에 이루어진 것이 아니라 오랜 기간 문화의 축적이 서구의 근대 문물 수용을 가능하게 했을 것이란 판단은 신상목의 견해다.

《책벌레들 조선을 만들다》을 읽으며 현재와 연결할 수 있는 것은 무엇인지 살펴본다.

이두를 연구하려면 이두로 구결을 소상히 달았다고 하는 《대명률직해》를 연구해야 할 것이다. 양주동 이후 이두를 읽고 해석하는 사람이 남아 있는지 알지 못한다.

한국 여성들의 억울함의 시원은 조선 조광조의 의식에 있다. 고려나 임진왜란 이전까지는 남성과 여성의 차별이 그리 두드러지지 않았다. 《소학》의 규범이 인간의 생활을 제약했다는 저자의 비판적 견해에 대부분 공감한다. 우리 앞 세대가 《소학》의 가치를 재평가해 일부라도 실천하고 가르쳤다면 하는 아쉬움이 있다. 《소학》은 눈을 뜨면 침구를 정리하고 청소하라고 가르쳤다.

퇴계에 관한 인식의 지평을 넓혀준 것은 책을 읽는 기쁨이다. 하나의 완성은 나머지의 배제일 수 있다. 율곡의 《격몽요결》은 개인이 살아가는 태도를 만들어가는 데 도움이 된다.

《지봉유설》과 《성호사설》에 대한 평가에서 오늘날 독서가들이 가야 할 길을 본다. 독서에서 박학의 기쁨을 느끼고 실생활에 도움이 되며, 문제를 해결하는 방법으로 활용돼야 한다. 《이탁오 평전》을 읽은 것이 조선 후기 문화를 이해하는 데 도움이 되었다. 넓게 읽어야 겹치는 부분이 생기는 거다.

이덕무의 독서는 내가 어려울 때 힘을 내게 하는 인생의 데카르트 좌표 역할을 해냈다. "교과서는 인간의 지식을 제한하는 감옥"이라는 저자의 격한 표현은, 교과서란 지식의 일부이므로 평생 공부하여야 하는 것으로 바꾸어 받아들인다.

신채호가 남과 북에서 인정받듯이 어떤 이데올로기든 일제 강점기에 독립을 위해 힘쓴 사람들은 높게 평가해야 한다. 일본에 빌붙어 호가호위한 이들과 역사를 왜곡한 이들에게는 그에 맞는 평가를 하는 것이 한 단계 도약의 토대를 마련하는 일이다.

## 갑진왜란과 국민 전쟁

《갑진왜란과 국민 전쟁》의 저자가 가진 문제의식은 한국사가 의병 투쟁을 '구한말 의병 투쟁'으로 축소하여 다룬다는 점이다. 역사 교과서가 고종이 의병 활동 전개 밀지를 내렸다거나, 외국이 이를 전쟁으로 본다는 사실을 기술하지 않음을 지적한다. 때로는 불편한 진실도 볼 수 있다.

'갑진왜란'은 황태연이 시도한 이름짓기로, 일본군 4만 5,000명이 1904년 2월 6일~20일에 진해만, 마산포, 인천항, 서울을 무단, 점령하고 남양(화성) 해안, 군산, 원산, 진남포 등을 침탈한 사건을 일컫는다.

이 왜란이 우리에게 생소한 까닭은 일제가 사흘 뒤(2월 9일)에 일으킨 러일전쟁 때문에 가려지고, 또 일제 치하 일본 역사가와 친일 역사가들이 감추려고 애썼기 때문이다. 1894년 갑오왜란이 1차 침략전쟁이고, 갑진왜란은 제2차 침략전쟁이다.

'국민 전쟁' 도 배운 적이 없으니 생소하기는 마찬가지다. 러시아의 패배와 포츠머스 밀약 조인을 전후해 일제가 일진회 등을 통해 을사늑약을 강요하는 분위기를 조성해 나갔다. 고종은 '국민 전쟁계획' 에 따라 항전의 밀지를 내리기 시작한다. 이에 항전이 지방 의병으로 확대되어 해산된 군대와 함께 국민 전쟁을 치렀다. 외국 신문들은 이를 '한국 전쟁' 으로 보도했다. 일제 측의 자료에 따르더라도 1907년 8월부터 1911년 6월까지 4년간 국민군이 치른 전투는 총 2,852회, 국민군 병력은 총 14만 1,815명에 달하고, 1만 7,840명이 전사했다. 저자가 '국민 전쟁' 이라고 부를 만하다.

이 국민 전쟁으로 쌓인 정신적 · 군사적 토대가 항일 독립전쟁으로 이어졌다. 윤봉길 의거도 독립전쟁의 연장으로, 의거 이후 중국 국민의 한국에 대한 감정이 급격히 호전되고 장제스 총통은 한국의 독립전쟁을 적극적으로 지원하였다. 그런 가운데 한국광복군이 창설되어 연합군에 참여함으로써 대한민국임시정부는 연합국에 대해 장차 해방 조국의 주권을 주장할 근거를 마련했다. 1942년 광복군과 기타 항일유격대의 군세는 10만 명에 달했다.

대한민국임시정부의 반제국주의 투쟁은 세계적으로 유일무이한 영광의 상징이다. 더구나 망명정부가 '광복군'이라는 군대를 가졌다는 사실은 1940년대 당시에 세계적인 뉴스거리였고 외교력을 급격히 높여주었다.

일제 항복 이후 장제스와 중국 정부의 기본 입장은 미국, 영국 등과 달리 '한국의 즉각 독립'이었다. 재중 한인들과 중국 여론의 압력이 있었고, 한국광복군이 대일심리전에서 한적(韓籍) 일본군을 끌어내 일본군 전선을 와해시켰다. 1945년 11월 4일 장제스의 일기를 보면 한국 독립에 대해 순수하고 진실한 태도를 유지했음을 알 수 있다.

"마침내 한국 혁명단원들이 조국으로 돌아가는 모습을 볼 수 있게 되었으니 실로 국민혁명사의 중요한 사건이 아닐 수 없다. 이들이 뜻을 이루는 데 조금이나마 도움을 줄 수 있었던 것은 하늘의 영광이 아니고 무엇이랴! 하루속히 한국의 독립이 완성되기를 바랄 뿐이다."

저자의 연구는 학교 교육에서 듣고 보지 못한 역사적 사실과 합리적 추론을 제시한다.

하나만 예로 든다. 아관파천을 아관망명으로 고쳐 부르고,

왜군과 친일괴뢰들에 생포되어 경복궁에 갇힌 임금이 본격적인 항쟁을 전개하기 위해 러시아 공사관으로 탈출하여, 전광석화처럼 친일괴뢰 정부를 전복시킨 전대미문의 정치 혁명으로 규정한다.

우리는 《갑진왜란과 국민 전쟁》이 밝히는 불편한 진실도 마주해야 한다.

갑진년 일본군의 진주에 대해 서울 개화 지식인들은 환호했다. 〈황성신문〉과 거의 모든 언론이 마찬가지였다. 일제가 주장하는 대동아공영론은 러일전쟁에서 일본의 승리를 간절히 바라며 러일전쟁의 개전을 환호해 마지않던 서울 개화 지식인들의 기본 정서였다. 개전 초에 민족주의적, 애국적 신문들은 일본을 러시아의 침략에 맞선 황인종의 지도자요 방어자로 환영했고, 일본의 보호국 설치 후에야 속은 걸 깨닫고 깊은 좌절을 표출한다. 황성신문사 사장 남궁억, 윤치호, 유길준, 김윤식 등 우리 국사책에 등장하는 인물들이 그러했다.

헤이그 특사를 파견한 고종에 대하여 1907년 7월 6일 어전회의에서 친일파 대신 송병준은 고종이 스스로 일본 천황에게 가서 사죄하든지, 하세가와 주둔군 사령관에게 사죄하라고 2시간 동안 고종을 핍박했다. 이완용과 송병준은 앞장서서 황제의 폐위를 추진했다.

유림과 천주교 지도자들은 3 · 1 운동에 앞장서는 것을 거부했다. 당시 신자 수가 300만에 달한 천도교가 만세운동에 가장 적극적이었고 주도적이었다. 여전히 성리학에 빠져있던 당시 유림은 일본 천황을 정점으로 하는 신도(神道)와 결합한 황도 유교에 가담해 3 · 1 운동을 멀리했다. 친일에 가담하지 않은 소수의 잔존 유생들 조차 이단 쌍놈들(동학도, 기독교도)과는 상종할 수 없다며 민족 대표들의 만세운동 가담 요청을 거부했다. 33인 민족 대표단에 유생의 이름이 한 명도 없는 까닭이다.

## 고종 시대의 재조명

황태연의 《갑진왜란과 국민 전쟁》을 읽고, 구한말의 역사를 더 알고 싶어 연구 성과를 검색한다. 《고종 시대의 재조명》은 구한말 가려진 진실을 들추어낸다. 읽는 과정에서 신문기사와 페이스북에서 논란을 마주한다. 저자는 한때 국사편찬위원장이었다. 보수 정권에서 위원장이었기에 진보 정권에서 비난을 받은 듯하다. 보수든 진보든 역사를 제대로 드러내고 해석하는 것은 마땅한 일이다.

저자의 문제의식은 구한말의 치욕스러운 역사를 정치지도자의 무능 탓으로 돌려야 하는가에 있다. 해답으로 일본은 고종 황제와 대한제국 정부의 무능과 무기력을 강조하여, 망국의 원인을 전적으로 한국의 내적 결함에 돌려 통치를 정당화하려 했다고 파악하였다. 일본 침략주의에 따라 조장된 것이다. 이를 증명하기 위해 연구하고 드러낸 진실은 다음과 같다.

• 구한말이 통상수교 거부 정책을 펴는 은둔 국가라는 인식은 아마추어 서양 역사가의 편견과 일본 침략주의 책략이 만들어낸 결과다. 일본은 대한제국이 광무개혁을 통해 자력으로 근대화할 가능성을 보았다. 그대로 두면 한반도 장악(정한론)이 불가능할지도 모른다고 판단했다. 서둘러 러일전쟁을 일으키고 그 군사력으로 대한제국의 국권을 강제로 침탈하기 시작했다.

• 불편한 진실은 독립협회가 주관한 만민공동회에 관한 역사적 사실이다. 일본 공사관이 대한제국 황제권을 약화하려 독립협회 지도부의 일부 친일 분자들을 사주하여 일으킨 소요의 성격이 있다.

• 동학혁명 당시 청군 출병은 동학 농민군의 봉기를 보고 겁을 먹은 국왕이 요청한 것이 아니다. 위안스카이가 반청 감정이 거세지는 조선에서 민중을 제압하기 위한 목적과 내정 간섭 체제를 강화하기 위해 강요한 것이다.

• 고종 황제는 동도서기론에 입각한 개화를 추구한 개명 군주다. 청이 속국화 정책을 펴는 상황에서도 고종은 지식과 정보의

수집을 위해 중국 상하이에서 3만여 권의 서적을 구입해 '집옥재' 라는 고종의 도서관을 만들었다. 1896년 아관파천 후 대한제국 출범을 앞두고, 황성 만들기 사업으로 서울의 근대적 도시 개조 사업을 추진하였고, '익문사' 라는 통신사를 가장하여 비밀 정보기관을 운영했다.

《고종 시대의 재조명》의 저자가 내재적 발전을 주장한다는 부정적 인식과 친일을 벗어나지 못하고 있다는 비판이 있다. 비판에도 불구하고 고종 시대를 재조명하여 드러낸 진실은 알아야 한다는 생각이다. 책 한 권을 읽고 모든 것을 다 아는 듯한 사람이 세상을 망치는 것처럼, 읽지도 않고 반대하는 어리석음을 범하고 싶지는 않다.

## 대한민국의 설계자들

책을 읽고 독서 노트를 쓰는 까닭은 책이 하는 말을 요약하고, 미처 알지 못한 것들을 기억하여 읽은 책들에서 계통을 세우고 나의 관점을 바로 세우는 데 있다. 《대한민국의 설계자들》은 보기 드문 책이다. 국문학자인 저자 김건우가 "문학은 일반의 통념보다 훨씬 범위가 넓다"라고 말하며 쓴 역사책이다. 20개의 주제로 꾸민 책은 인물 중심으로 풀어간 역사서라서 평전 냄새를 풍긴다. 몇 가지를 살펴본다.

• 월남한 30대 지식인들이 잡지 〈사상계〉를 통해 지식인 사회에 가장 큰 영향력을 가졌고, 1950~1960년대 대한민국의 싱크탱크 역할을 했음을 다룬다. 조선왕조 내내 차별받던 서북 지역에 구한말부터 미국 선교사의 의료와 교육 활동을 통한 미국화가 진행되었고, 월남한 이후 반공, 친미, 보수 세력의 바탕을 이루게 된다. 서북 지역 청년들이 제주 4·3 사건에서 행사한 폭력의 뿌리를 본다.

• 백낙준은 한국인 최초로 예일대에서 철학박사 학위를 받고 한국 교육 이념의 근간이 된 '홍익인간'을 만들어내고, 문교부장관으로 도마다 국립대를 두는 정책을 시행한다. 〈사상계〉사는 진단학회, 국어국문학회, 한국철학회의 학회지를 발행하여 문·사·철을 아우르는 허브 구실을 했다. 서북 출신에 편중된 사상계 그룹은 최초 문학상인 '동인문학상'을 만들고, 중국 〈신청년〉에 견줄만하다고 자평한 〈사상계〉를 발간하였다. 서구 자본주의의 경험을 따르면 선진국처럼 발전할 수 있다는 '로스트의 근대화론'을 현실에 적용하는 등 현대 한국 사회의 모습들이 기반과 방향을 잡았다고 평가할 수 있다. 5·16 쿠데타 이후의 경제개발계획은 쿠데타 세력이 독자적으로 만든 것이 아니라는 사실을 확인할 수 있다.

• 김범부와 박종홍의 '국가주의 철학'은 화랑도와 신라 정신을 찾아내 애국을 강조하는 국가 이데올로기로 만들고, 국민교육헌장을 만드는 데는 독일 철학의 영향이 있었다고 밝힌다. 류영모와 함석헌은 국가주의 철학에 저항하였다. 그러리라 생각했지만, 통계로 놀라운 사실을 확인할 수 있었다.

"해방기 이념의 스펙트럼에서 극좌와 극우는 '한 줌'에 불과했다. 1946년 여름 미 군정청에서 벌인 여론조사에 따르면, '나라 만들기'의 과제와 관련하여 자본주의 체제를 원한다는 응답자가 전체의 14%(1,189명), 공산주의 체제 선호자가 7%(574명)였음에 비해 사회주의 체제를 바란다는 응답자가 전체의 70%에 이르는 6,237명이었다고 한다. 이 시기의 대중은 '사회주의'를 자본주의와 공산주의 사이의 제3 이념으로 이해했던 듯하다."

결론으로 한국 우익의 기원을 밝힌다. 한국의 정통 우익은 김준엽으로 친일하지 않은 학병 세대다. 김준엽이 임시정부 환국 때 돌아오지 않고 중국에 남아 중국을 공부하고, 고려대에서 아세아문제연구소를 운영하고 총장을 역임하며, 오늘날 한국의 학계에서 중국 연구는 사실상 김준엽이 기초를 모두 놓았다고 평가한다. 1987년 6월 항쟁으로 헌법 개정이 이루어질 때 개정 헌법 전문에 대한민국이 "임시정부의 법통을 계승한다"는 문장

명기를 강력히 주장하여 관철한 '정통 우익' 다운 역사 감각이 있었다. 대한민국 설계자들은 친일로부터 자유로웠으나 일본 제국에서 교육받은 세대다. 또 건국과 전후 국가 재건 과정에서 미국이 끼친 절대적 영향력을 생각할 때, 서북 지역 월남 지식인들과 기독교인들이 대한민국 설계에 큰 비중을 차지한다.

## 학교에서 가르쳐 주지 않은 일본사

《학교에서 가르쳐주지 않은 일본사》는 저자가 근대화 이전에 일본과 조선이 비슷했을 거라는 고정관념을 버리고, 어떤 차이가 있지 않았겠느냐는 문제의식을 느끼고 써낸 글이다.

천하 보청과 참근 교대제를 에도시대를 이끌어간 바쿠후 권력의 원천으로 파악한다. 천하 보청은 쇼군이 다이묘들에게 부과하는 공공사업 역무를 말한다. 성곽 축조, 운하망 건설, 하천 정비 및 농수로 건설, 중심도로 확충 등 인프라 건설에 다이묘는 인력과 자제를 제공해야 하는 의무가 있었다. 쇼군은 다이묘에게 세금을 징수할 수는 없었지만, 천하 보청을 통해 다이묘를 견제한 것이다. 천하 보청에 따라 세금 징수가 아니라 결과물의 형태로 의무를 부과했기 때문에 관리 비용 등 매몰 비용이 착복이나 증발 없이 모든 투입이 실물 인프라로 이어졌다. 천하 보청의 역무에 납기를 맞추지 못하거나 부실한 다이묘는 영지를 뺏기거나, 황무지로 옮겨가라는 명령을 받아야 했으니 최선을 다해 인프라 건설에 참여해야 했다.

참근 교대제는 근대화를 예습한 것이라고 평가한다. 다이묘들은 에도성에 '번 저(번의 업무를 보는 저택으로 번에서 비용 부담)'를 두어야 했다. 1년을 단위로 각 번의 번주를 정기적으로 에도성에 나와 머물게 하는 일종의 인질제도다. 100명에서 500명 이상의 인원이 수백 킬로미터 거리를 이동해야 했는데, 제반 비용을 독자적인 번의 징세권을 갖고 있던 다이묘들이 전적으로 부담해야 했다. 게다가 에도 체재비를 더하면 참근 교대에 드는 비용이 다이묘 세수의 절반이 넘는 막대한 액수였다. 전국 270여 다이묘들이 이동과 에도 체재에 쓴 경비는 부의 환류와 경제 활성화에 직접적이고 확실한 효과를 보였다. 이에 따른 화폐경제의 확산과 대상인의 활약, 서민사회의 성장에 이바지하였다. 더구나 에도와 지방이 연결된 전국 네트워크가 구축되어 인원, 물자, 정보가 모이고 흩어지는 시스템이 만들어진 것이다. 참근 교대제는 우키요에의 확산과 여행에 미친 영향 정도만 아는 수준을 벗어날 수 있게 했다.

저자의 문제의식에 대한 해답으로 메이지유신 이전의 에도시대는 "역사, 정치, 경제, 과학, 문화 여러 방면에서 정보의 습득과 실생활에서 응용을 통해 형성된 개방적이고 확장적인 스키마가 근대화 시기 일본 사회의 패러다임 시프트를 쉽게 한 원동력이 되었다"고 한다.

## 제국의 폐허에서

타지에서 독특한 레시피로 만들어낸 요리를 맛있게 먹을 수 있다면 행복한 여행이다. 《제국의 폐허에서》가 보여준 책 읽는 맛이 그렇다. 그 맛은 익숙한 맛이 아니라 새로운 맛이다. 물론 쓴맛도 있다.

책은 현대 세계의 모습을 1905년 5월 쓰시마 해협에서 벌어진 러일전쟁으로부터 그려낸다. 서구의 대표로 나선 러시아와 동양의 대표인 일본이 싸워 누구도 예상치 못한 일본 승리에 서구 세계가 정신적 혼란에 빠진다. 백인종이 무지몽매한 흑인, 황인종을 가르치고 깨우쳐 문명 상태로 만드는 것이 신의 뜻이며, 이는 '백인의 짐' 이란 인식으로는 이해할 수 없는 일이 벌어진 거다.

루스벨트, 인도 총독은 놀랐고 무스타파 케말, 자와할랄 네루, 타고르, 쑨원은 기뻐했다. 일본의 승리에서 오스만제국, 이집트, 베트남, 페르시아, 중국의 신문은 추론에 들떴다. 세계 어디서나 식민지 사람들은 일본의 승리가 가진 심리적, 도덕적 함의를 열렬히 받아들였다. 이슬람 나라의 학생들은 일본의 진보한 힘을 배우러 일본으로 향했다. 중국, 베트남, 인도 사람도 마찬가지였다.

저자 판카지 미슈라의 눈에 유럽은 쓰시마 해전과 제1차 세계대전에서 대학살을 자행하여 도덕적 위신을 대부분 잃어버렸다고 본다. 게다가 제2차 세계대전 중 아시아를 정복한 일본이 기진맥진한 유럽 제국들의 손아귀에서 아시아를 떼어내는 일에 일조했다고 해석한다. 우리에겐 불편한 해석이다.

20세기 역사를 두 차례의 세계 대전과 냉전으로 규정하는 유럽인과 미국인에 반하여, 아시아가 지적 · 정치적으로 각성하고, 아시아와 유럽 제국들의 폐허에서 부상하고 있다고 보는 것이 판카지 미슈라의 관점이다. 이런 관점에서 서구의 아시아 침략에 대해 아시아의 사상가, 지도자들이 어떻게 대응했는지 저자의 시선을 따라가 본다.

이 책의 두 주역은 여러 나라를 떠돌아다닌 사상가 겸 활동가다. 먼저 자랄 알딘 알아프가니(1838~1897)는 19세기 후반 중동과 남아시아에서 오랫동안 언론 활동과 정치적 권고에 주력한 이슬람인이다. 또 한 명은 현대 중국의 가장 두드러진 지식인 량치차오(1873~1929)인데, 그는 오랜 제국의 확실성을 무너뜨린 여러 사건과 중국이 온갖 참상을 겪은 뒤에 세계의 주요 열강으로 다시 부상하는 과정에 참여했다. 현대 초기의 이 두 아시아인은 아시아 전역에서 서구와 서구의 지배를 향한 분노, 조국의 무력함과 쇠퇴를 근심하는 마음이 대중의 민족주의적 해방운동과 야심 찬 건국 계획으로 전환되는 과정의 선두에 서 있었다.

몇 가지 차원에서 지적 호기심은 배우는 기쁨을 준다.

**첫째,** 《제국의 폐허에서》는 19~20세기 영국, 미국이라는 서구 강대국의 시각에서 세계를 인식하도록 가르치고 배워온 기성세대에게 새 지평을 안내한다. 인도 사람 판카지 미슈라의 관점에서 세계사를 해석한다. 물질을 중시하는 서구의 시각이 아니라 정신도 중시하는 중국과 인도, 이슬람의 눈으로 세상을 본다.

**둘째,** 앨빈 토플러가 《제3의 물결》로 지식정보사회를 예견한 것처럼, 자말 알딘 알아프가니, 량치차오, 타고르의 눈으로 세계를 본다. 19~20세기 제국주의 국가들의 말로를 예견한 사상가들의 삶을 통해 21세기를 예견할 수 있게 한다.

**셋째,** 이미 황태연의 《갑진왜란과 국민 전쟁》과 같은 국내 서적에서도 언급하는, 드러내기 껄끄러운 내용을 알려준다. 러일전쟁 이후 일본에 대한 중동, 남아시아, 동남아시아 여러 나라의 반응은 '환영'과 '주목'이었다. 동양이 서양을 꺾었다고 인식한 것이다. 대한제국 말기 일부 지식인들도 같은 태도를 보였다. 일제 식민지 역사를 알고 있는 대다수 우리에겐 공감할 수 없는 불편한 이야기다.

**넷째,** 경제학자 슈펭글러가 《서구의 몰락》을 내게 된 배경에 물질주의의 만연, 제1차 세계대전 외에도 러일전쟁에 승리한 일본도 영향을 준 것은 아닐까.

**다섯째,** 국사 교과서는 중국의 5 · 4 운동이 3 · 1 운동의 영향을 받아 일어난 운동이라고 가르친다. 식민지 민중의 3 · 1 운동이 동양 강대국이던 중국에 정신적으로 영향을 미쳤다는 관점이다. 책은 윌슨의 민족자결주의에 고무된 중국인들이 1919년 파리강화회의에 중국의 요구를 제출하였으나, 일본이 점령하던 산둥반도의 반환 등 중국의 요구가 무시됨에 따라 실망한 것이 기폭제였음을 명확하게 제시한다.

《내 이름은 빨강》을 쓴 오르한 파묵은 평가한다.

"판카지 마슈라는 이 책에서 세계 인구의 대다수를 차지하는, 터키에서 중국에 이르는 아시아의 사람들이 겪어온 근대 역사를 보여줌으로써 서구의 오래된 동양관을 전복시킨다. 오늘날 분노하는 아시아인의 할아버지 세대에 관한 놀라운 이야기다. 탁월하다!"

## 아틀라스 중앙 유라시아사

학교에서 가르치는 세계사는 헬레니즘과 헤브라이즘에서 시작하는 서양 고대 문명부터 세계사를 풀어간다. 서양인의 눈으로 본 세계사다. 게다가 짙게 밴 오리엔탈리즘의 시각으로 가르치고 배운다. 중국을 아시아의 다른 지역에 비해 비중 있게 다룰 뿐이다. 인도나 중앙아시아의 비중은 비중이랄 것도 없다. 특히 중앙아시아(오늘날 중앙아시아는 지리적으로 투르크메니스탄, 타지키스탄, 키르기스스탄, 우즈베키스탄, 카자흐스탄을 말한다)에 대한 언급은 스키타이 문화, 흉노의 이동로, 훈족, 타타르를 제외하면 언급조차 되지 않는다.

몽골의 침입을 겪은 유럽의 황화(Yellow peril)란 것도 교과서보다 책을 읽어 얻는다. 그만큼 중앙아시아의 역사를 알 수 없다. 저자의 문제의식은 중앙 유라시아가 차지하는 역사성을 소홀하게 다루고 있지 않은가 라는 점이다. 김호동은 책에서 중앙 유라시아라는 지역을 재설정한다. 서쪽으로는 흑해 북방의 초원에서 동쪽으로는 싱안링산맥에 이르고, 북쪽으로는 시베리아 남부 산림지대로부터 남쪽으로는 힌두쿠시산맥과 티베트고원에 이르는 방대한 지역이다. 이곳의 역사를 《아틀라스 중앙 유라시아사》에 담았다.

인류는 수렵과 채집의 단계에서 농경과 목축 단계로 이행하였다. 저자의 문제의식은 《아틀라스 중앙 유라시아사》를 통해 목축단계의 유목민이 고대부터 중앙 유라시아의 역사를 주도했음을 밝힌다. 톈산산맥 주변에 준가르라는 나라를 끝으로 유목민의 시대가 끝나고 정착민이 역사를 이끌어가는 과정까지를 연구한 것이다.

중앙 유라시아의 역사를 간단히 풀어보면, 기원전 7세기부터 기원후 5세기까지 스키타이와 흉노가 유목국가를 건설하고, 정착 농경민과 관계를 맺고 동서 문명 교류에 역할을 한다. 6세기부터 10세기까지 튀르크인들이 중앙 유라시아의 패권을 장악하고 트란스옥시아나(아무다리야강과 시르다리야강이 둘러싼 지역)가 중심지역이 된다. 10세기부터 14세기까지는 몽골이 떨치고 일어나고 쇠퇴하는 시기다. 거란(요), 여진(금), 몽골과 울루스(교과서에서 차가타이한국, 오고타이한국 등 칸국으로 다룸)에 대해 기록한다.

몽골 이후의 15세기부터 17세기까지의 중앙 유라시아사에 모굴 한국과 티무르제국, 수피 교단, 티베트 불교가 흥망성쇠를 경험한다. 17세기 후반부터 19세기 후반에 청의 건국, 러시아와 청의 외교교섭, 티베트를 둘러싼 준가르와 청의 각축, 카자흐지역의 러시아 복속, 한인 농민의 유목지역 정착, 청 말 한인 상인들의 몽골 진출, 청의 신강 지역 지배, 러시아의 중앙아시아 점령 등을 다룬다. 중앙 유라시아가 청과 러시아라는 두 제국에 의해 완전히 분할되고 역사적 독자성과 동력을 상실한다. 야쿱 벡 정권과 몽골이 유목 생활을 접고 정착하게 된 과정에서 청나라 농민과 상인의 역할이 있었다는 내용을 담고 있다.

《아틀라스 중앙 유라시아사》가 주는 매력은 컬러로 그린 지도다. 김호동 교수가 그리고, 전문 일러스트가 그린 것을 감수한 115장의 지도는 한국 어디에서도 구할 수 없을 것이다. 지형도를 기반으로 역사적 사실과 경로를 표시한 지도는 본문의 내용을 쉽게 이해하게 하는 최고의 역할을 한다. 지리를 전공한 사람이라도 저자가 그린 성의 있고 수준 높게 그린 지도가 없었다면 훨씬 많은 시간과 노력을 기울여야 책을 읽을 수 있을 것이다.

## 미국, 제국의 연대기

대니얼 임머바르는 《미국, 제국의 연대기》에서 '미국은 제국인가? 제국주의 국가인가?' 라는 문제의식을 가지고 해답을 찾아간다. 교과서는 제국주의를 강대국이 군사력을 이용해 약소국을 침략하고 약소국의 자원 일체를 수탈하는 것으로 정의한다. 이 정의에 따르면 미국은 제국주의 국가냐는 물음에 누군가는 그렇다고 한다. 아니라고 부정하는 사람도 안과 밖에 존재한다. 미국의 역대 대통령이나 국방부 장관 등이 미국은 다른 나라 영토를 탐내지 않는다고 말한다. 미국은 교과서가 정의한 제국이 아니라는 주장이다.

《미국, 제국의 연대기》는 제목에서 결론을 내고 있듯이 제국임을 인정한다. 그러나 영토를 지배해 식민지를 건설하고 자원을 수탈하고 원주민을 억압하던 제국은 아니다. 이런 유형의 제국주의는 2차 대전까지가 유효 기간이었다. 그러면 왜 저자는 미국을 제국이라고 판단하는가?

제국으로 성장할 수 있었던 조건들을 살펴본다.

해조분은 새똥이다. 화학비료가 나오기 전에 토질 개선제로 사용했다. 질소가 부족한 북미 농지에 해조분은 기적처럼 생산량을 늘려주었다. 영국과 페루가 세계 해조분을 독점하고 있었다. 그러나 1856년 해조분 관련법 이후 미국 시민이 없는 무인도에서 해조분을 발견할 때마다 해당 섬은 대통령의 재량에 따라 미국에 부속되는 것으로 간주하였다. 카리브해와 태평양의 수많은 섬은 해조분 탓에 미국이 소유권을 주장한다. 화학비료의 생산으로 해조분의 역할은 사라졌지만, 이 섬들이 미 제국을 구성하는 중요한 요소가 된다.

전 세계의 반제국주의적 저항은 식민지 유지 비용을 높였다. 새로운 기술은 영토의 소유권을 주장하지 않고도 제국의 이점을 누릴 수 있게 했다. 제2차 세계대전이 끝날 무렵 미국은 천연 고무를 합성고무로 대체하여 동남아시아의 중요성이 낮아졌다. 견사, 삼, 황마, 장뇌, 목화, 양모, 제충국, 주석, 구리, 동유(오동나무 열매로 짠 기름) 등을 합성 물질로 대체했다. 미국 경제 전반에서 식민지의 역할을 화학이 대신하게 되었다.

특히 플라스틱의 영향력이 컸다. 1940년대에 시작된 합성 혁명으로 원자재를 안전하게 확보하는 식민지 건설의 이점이 그리 중요하지 않게 됐다.

제2차 세계대전에 참전하기 전 미국은 군수품 조달의 어려움과 중요성을 절감한다. 항공기로 군수품 공급을 시도한 맥아더는 태평양에서 섬에 비행장을 건설해 활용하는 '건너뛰기' 전략을 사용한다. 항공술과 마찬가지로 무선은 공간을 건너뛰는 기술이었다. 미국이 전 세계에 건설한 수천 개의 기지는 무선 기술이 없으면 운영할 수 없다.

영국은 식민지를 해저케이블로 연결했지만, 미국은 무선 통신을 사용했다. 항공술과 조립식 배송 방식, 무선 통신, 암호화 기술, DDT, 어떤 환경에서도 사용할 수 있도록 지원하는 기술은 함께 사용하며, 관할권이 없는 외국 영토로 쉽게 이동할 수 있게 되었다. 기술이 영토를 대체한 셈이다.

미국이 제국이 되도록 한 중요한 요인 중 중요한 것은 산업

'표준'에 관한 것이다. 후버는 나사산의 세계 표준을 만들어낸다. 이 표준은 조용히 경제 성장을 견인했다. 영국도, 프랑스도 전쟁 중이라 따라올 수밖에 없었다. 1946년 선진 공업국 경제 생산의 60%를 미국이 차지하고 있었으니 미국은 표준화의 중심으로 입지를 굳혔다. 국제표준음, 항공업계 표준어가 된 영어, STOP 표지판도 미국의 힘이다.

전쟁 덕분에 미국은 해외에 2,000개가 넘는 기지를 건설할 수 있었다. 미국은 식민지를 점령할 뜻이 없었다 하더라도 "미국의 이익과 세계 평화를 최대한 지키는 데 필요한 군사 기지는 유지"하겠다는 트루먼의 발언에서 미국의 제국주의 방식을 알 수 있다. 세계를 연결하는 해외 기지의 형태로 제국은 여전히 존재한다. 영국과 프랑스의 해외 기지는 합쳐서 13개, 러시아는 9개, 미국은 약 800개에 달한다. 수십 개 국가에서 미군 기지를 수용한다. 이를 거부하는 나라들도 미군 기지에 둘러싸여 있다. 그 중 여러 개는 해조분 섬이었다. 19세기 해조분 열풍은 미국의 해외 제국 전체의 기반이 되었다.

20세기 들어 화학을 기반으로 한 합성 기술, 항공 기술과 무선 기술, 미국이 주도하는 산업 표준화, 해외의 미군 기지는 미국을 제국으로 존재하게 하는 필요충분조건이다.

## 셰일 혁명과 미국 없는 세계

《셰일 혁명과 미국 없는 세계》는 석유 수입이 필요 없게 된 미국의 정책 방향 변화를 그린다. 석유가 필요한 한국은 어떻게 해야 하느냐는 문제의식에서 미래를 전망하고 방향을 찾으려 한다. 1973년부터 2007년까지 자국의 석유 수입을 위해 석유 시장의 안전과 유통망을 관리하던 미국이 흥미를 잃고 있다. 2007~2014년 사이 셰일의 에너지 특성과 미국 셰일 산업의 진화로 미국의 에너지 체계를 변화시켰다. 미국은 더는 페르시아만에서 석유를 수입하지 않아도 된다. 셰일의 등장은 '구세계의 종언'과 미국의 전략에 새로운 전기를 만들게 되고, 유럽과 러시아의 가상 전쟁, 이란과 사우디아라비아 간 가상 전쟁, 동북아시아의 중국, 한국, 일본, 타이완의 석유를 둘러싼 각축을 예상한다. 미국의 가용 수단을 살펴보고, 동남아시아와 중남미가 여러 불리한 여건 속에서도 개편될 새로운 세계에서 낙관적이라는 미국의 시각을 보여 준다.

피터 자이한은 석유를 둘러싼 동북아 각축전에서 한국은 중국이나 일본 중 어느 한 편을 들 수밖에 없을 것이며, 일본 편이 되는 것이 유리할 것이라 본다. 저자는 한국과 일본의 역사를 고려하지 않았고, 중국을 과소평가했다. 지정학적 평가는 지리학과 다른 각도에서 내리니 눈여겨볼 만하다. 페르시아만의 혼란은 석유를 100% 수입해야만 하는 한국의 에너지 구조를 생각할 때 뼈아픈 지적이다. 우리가 개척해야 할 역사의 한 페이지다.

삶을 업그레이드 하는 더 나은 삶 —— **모아북스 경제 · 경영 도서**

## 4차 산업혁명의 패러다임

장성철 지음
248쪽 | 15,000원

## DNA 헬스케어 4.0

김희태 · 허성민 지음
260쪽 | 17,000원

## 금융에 속지마

김명수 지음
280쪽 | 17,000원

## 숫자에 속지마

황인환 지음
352쪽 | 15,000원
(2017 세종도서 교양부문 선정)

## 행복한 노후 매뉴얼

정재완 지음
500쪽 | 30,000원
(2022 세종도서 교양부문 선정)

## 법에 그런 게 있었어요?

강병철 지음
400쪽 | 15,000원
(2021 텍스트형 전자책 제작 지원 선정)

## 내 손을 잡아줘

김선우 지음
264쪽 | 20,000원

## 정부의 예산, 결산 분석과 감시

조일출 지음
264쪽 | 20,000원

**감사, 감사의 습관이 기적을 만든다**
정상교 지음
246쪽 | 13,000원

**최고의 칭찬**

이창우 지음
276쪽 | 15,000원

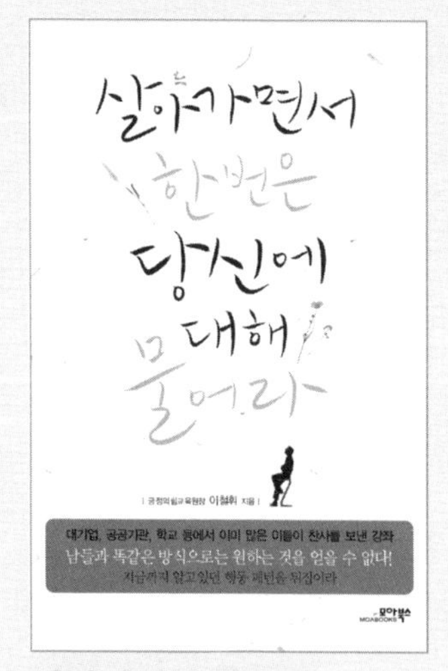


**살아가면서 한번은 당신에 대해 물어라**
이철휘 지음
252쪽 | 14,000원
(2013 국방부 안보 도서 선정)

**직장 생활이 달라졌어요**

정정우 지음
256쪽 | 15,000원

## 누구나 쉽게 작가가 될 수 있다

신성권 지음
284쪽 | 15,000원

## 독한 시간

최보기 지음
248쪽 | 13,800원

## 내 글도 책이 될까요?

이해사 지음
320쪽 | 15,000원
(2021 우수 출판콘텐츠 선정작)

## 걷다 느끼다 쓰다

이해사 지음
364쪽 | 15,000원

**해독요법**

박정이 지음
304쪽 | 30,000원

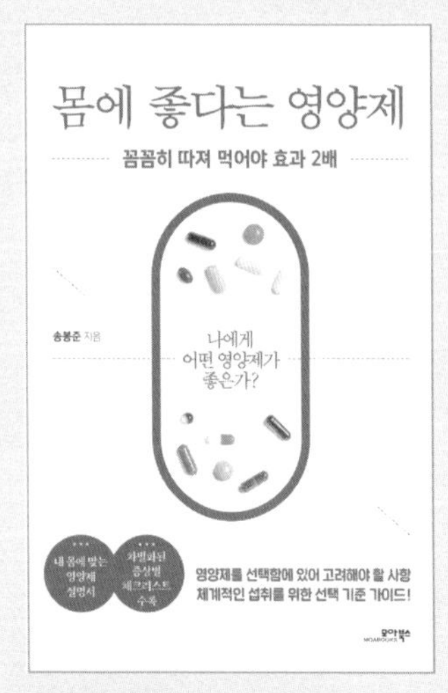


**몸에 좋다는 영양제**

송봉준 지음
320쪽 | 20,000원

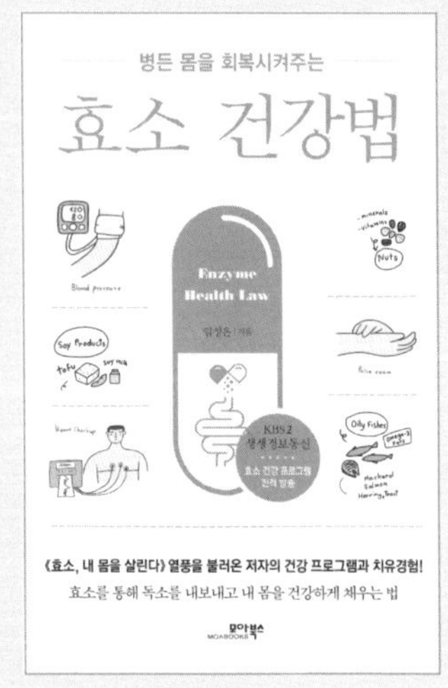


**효소 건강법** (개정 10쇄 발행)

임성은 지음
264쪽 | 15,000원

**자기 주도 건강관리법**

송춘회 지음
280쪽 | 16,000원

# 별일 없어도 읽습니다

초판 1쇄 인쇄 2024년 06월 20일 2쇄 발행 2024년 11월 15일
1쇄 발행 2024년 06월 25일

지은이 노충덕
발행인 이용길
발행처 MOABOOKS 모아북스

관리 양성인
디자인 이룸
홍보 김선아

출판등록번호 제10-1857호
등록일자 1999. 11. 15
등록된 곳 경기도 고양시 일산동구 호수로(백석동) 358-25 동문타워 2차 519호
대표 전화 0505-627-9784
팩스 031-902-5236
홈페이지 www.moabooks.com
이메일 moabooks@hanmail.net
ISBN 979-11-5849-239-7 03190